Ferdinand Gregorovius

Urban VIII im Widerspruch zu Spanien und dem Kaiser

Eine Episode des dreißigjährigen Kriegs

Ferdinand Gregorovius

Urban VIII im Widerspruch zu Spanien und dem Kaiser
Eine Episode des dreißigjährigen Kriegs

ISBN/EAN: 9783744634434

Hergestellt in Europa, USA, Kanada, Australien, Japan

Cover: Foto ©ninafisch / pixelio.de

Weitere Bücher finden Sie auf **www.hansebooks.com**

In derselben Zeit, als der Schwedenkönig Gustav Adolf siegreich die Länder der katholischen Liga in Deutschland durchzog, und selbst die Erbstaaten des Kaisers bedrohte, widerstrebte der Papst Urban VIII. heftig und hartnäckig den beiden großen Mächten des Hauses Habsburg, denen allein der Katholicismus seine Wiederherstellung verdankte, und an deren Sieg oder Niederlage das Schicksal der römischen Kirche geknüpft war.

Der Papst, ihr Oberhaupt, wendete sich vom Kaiser ab in der Stunde der höchsten Gefahr, und seine Politik trug mächtig zur Wiederaufrichtung der niedergeworfenen Protestanten und zu ihren Siegen bei.

Diese seltsamen Vorgänge bilden einen wesentlichen Teil der großen Krisis im dreißigjährigen Krieg, deren unsterblicher Held der Schwedenkönig gewesen ist. Sie haben noch keine ausreichende Darstellung gehabt. Dem Geschichtschreiber der Verhältnisse der Päpste in Kirche und Staat im sechzehnten und siebzehnten Jahrhundert konnte es nur darauf ankommen, in einigen scharfen Linien die politische Bedeutung jener feindseligen Haltung Urbans VIII. zu zeichnen. Wenn aber irgend wo anders, so durfte man sicherlich bei Hurter ein genaues Eingehen auf diese wichtigen Verwick=

lungen erwarten. Jedoch der Biograph Ferdinands II. in elf Bänden mochte sie nicht zu nah berühren.

Auch das Papsttum Urbans VIII. hat noch keinen neueren Geschichtschreiber gefunden. Es gibt keine Monographie über ihn, als die handschriftliche des Andreas Nicoletti, welche die Barberiniana in Rom bewahrt. Sie ist eine formlose und schlecht geschriebene Arbeit, aber sehr schätzbar durch die von jenem Zeitgenossen und Günstling der Familie Barberini ausgezogenen Berichte der Nuntien und manches andre Aktenstück. [1]

Mein erster Versuch, jenen Gegenstand zu behandeln, geschah in Form von Vorträgen in der königlich baierischen Akademie der Wissenschaften zu München, und dann in der italienischen der Lincei zu Rom. Er erweiterte sich durch das anwachsende Material. Die Barberiniana bot mir die Correspondenzen des Hauses Urbans VIII. dar. Dem Archiv in Modena und der unermüdeten Bereitwilligkeit meines Freundes Cesare Foucard daselbst, wie den Archiven in Mantua und Florenz verdankte ich schätzenswerte Mitteilungen, während mir Herr von Arneth Copien einiger Schriftstücke aus dem wiener Staatsarchiv mit besonderer Gefälligkeit zukommen ließ. Endlich schulde ich einen bedeutenden Teil der von mir verwerteten Materialien dem königlichen Staats-

---

[1] Vita di Papa Urbano VIII. e storia del suo Pontificato, 8 Bde. in 4⁰. Ranke hat aus diesem Manuscript die Berichte der Nuntien. Brauchbar ist auch Theodori Amidenii Historia Summ. Pontificum et S. R. E. Cardinalium suo aevo defunctorum, Original-Mscr. in der Minerva zu Rom — ein Belgier, der nach Rom übergesiedelt, über vielerlei römische Dinge geschrieben hat. So viel ich weiß, ist davon nichts edirt worden. Sein Leben Urban's VIII. in jenem Mscr. umfaßt nur 32 Blätter.

archiv in München, dessen Direction mir ihre Benutzung mit
großer Liberalität gestattet hat. Sie bestanden zumal in
Schriftstücken, die in den zahlreichen Bänden der Corrispon=
denza di Roma jener Epoche zusammengefaßt sind, wo zwei
Römer vom Haus Crivelli lange Zeit hindurch und nach=
einander die Residenten des Herzogs und Kurfürsten Maxi=
milian I. in Rom gewesen sind. Diese Correspondenzen
bilden einen diplomatischen Schatz von hohem Wert, und sie
boten mir ein reiches, noch nicht ausgebeutetes Material dar.

Aus solchen Quellen ist meine kleine Schrift entstanden.
Es ist überflüssig zu bemerken, daß dieselben selbst für diesen
vereinzelten Gegenstand nicht ausreichen können. Aber immer=
hin wird mein Versuch Neues und Merkwürdiges darbieten,
und im Ganzen meinen Wunsch bekräftigen, daß einmal die
Haltung des Papsttums zu den am dreißigjährigen Krieg
beteiligten Mächten wie zu dem Princip dieser großen Kata=
strophe Europa's überhaupt zur Darstellung komme.

I.

Das Verhältniß des Papsttums im siebzehnten Jahr=
hundert zu den großen Lebensfragen Europa's wurde viel
weniger durch die Bedürfnisse der katholischen Kirche als
durch jene des umfangreichen Kirchenstaats bedingt, mit
welchem dasselbe als eine politisch=kirchliche Institution be=
haftet war. Gerade Urban VIII. konnte diesen Kirchenstaat
in dem für die katholische Sache in Deutschland so unglück=
lichen Jahre 1631 durch den Erwerb des Herzogtums Ur=
bino vollständig machen.

In diesem hochgebildeten und eigenartigen Papst vom

florentiner Hause der Barberini trat das weltliche Princip Julius II., des Neubegründers der päpstlichen Monarchie, wieder rücksichtslos hervor. Schon seine Zeitgenossen urteilten von ihm, daß er lieber König als Papst, lieber Herrscher als Seelenhirt sein wollte.[1]

Kaum zur Regierung gelangt, begann Urban VIII. die vaticanische Waffensammlung anzulegen. Er ließ Werkmeister aus der Fremde kommen, Fabriken in Rom errichten, worin Kanonen gegossen und Panzer verfertigt wurden. Die Kunst solche zu machen führte er, ein Papst, wieder in Rom ein.[2] Das Pantheon Agrippa's beraubte er wesentlich für jene Zwecke seiner letzten antiken Bronzen.

Die päpstliche Armeria wurde eine der berühmtesten in der Welt. Sie war so reichhaltig, daß 40,000 Mann zu Fuß und zu Roß damit ausgerüstet werden konnten. Urban stellte sie über dem Porticus des vaticanischen Theaters auf und ließ im Jubeljahr 1625 die Inschrift darauf setzen, welche seinen Sinn und Vorsatz aussprach:

Urbanus VIII. P. M. Vrbis Et Ditionis
Ecclesiasticae Securitati.

Nach den Bedürfnissen des italienischen Fürsten richtete er seine Stellung zu der Weltbewegung ein, die er schon in vollen Fluten fand, als er den heiligen Stul bestieg. Persönliche Beziehungen — er war Gevatter Ludwigs XIII. — das Bewußtsein, daß er sein Glück als Nuntius am Hofe

---

[1] Princeps potius videri voluit quam Pontifex; rector quam pastor; hinc calumniae illi objectae non paucae, quorum principuae, quod totus politicus omni lege careret. Ameyden im gen. Mscr.

[2] Introdusse l'arte di lavorar le corazze, non più usata in Roma. Nicoletti II. 850.

zu Paris begründet hatte; seine Erhebung durch die französische Partei, endlich die unsichere Lage des von der spanischen Macht umschlossenen und bedrohten Kirchenstaats, wie die aller anderen italienischen Fürsten und Staaten, drängten ihn in das Fahrwasser der französischen Politik.

Ihn, nicht seine spanisch gesinnten Vorgänger, traf der ganze, gewaltsame Losbruch der Leidenschaften Europa's, in deren Strömung auch Italien wider Kraft und Willen hineingerissen wurde.

Nur ein Jahr nach dem Regierungsantritt Urbans VIII. kam Richelieu an die Spitze des französischen Cabinets. Ein Cardinal machte Frankreich groß, und das Papsttum klein. Zugleich tauchte schon im Hintergrunde die Gestalt des ränkevollen Mazarini auf. Die Staatskunst eines Cardinals verdunkelte den Papst, und sie setzte ihn und seine Nepoten mehr oder minder zu Werkzeugen der französischen Monarchie herab.

Konnte das damalige Papsttum keine andere Politik haben? Sie würde ihm schwer genug gefallen sein. Es war in die Fesseln des Kirchenstaats gebannt.

Eine entschiedene Verbindung der geistlichen Autorität mit der politischen Richtung des Hauses Habsburg würde in die Gewalt Spaniens und des Kaisers ganz Italien sammt dem heiligen Stul gebracht haben. Und so wenig widerstandsfähig der allen Feinden offene Kirchenstaat im Grunde war, so hat doch sein Bestehen, neben Venedig und Savoyen, damals die gänzliche Knechtung Italiens abgewehrt.

Man muß die Relationen der venetianischen Botschafter jener Zeit lesen, um sich zu überzeugen, welche große Bedeutung in ihrer Auffassung der Kirchenstaat hatte, der sich von einem Meer Italiens zum andern forterstreckte und so schöne, herrliche Länder, so reiche und große Städte umfaßte, wie Rom, Bologna und Ferrara. Dieses weltliche Besitztum vereinigt mit der geistlichen über die Christenheit gebietenden Autorität mache, so sagten die Venetianer, Rom beinahe noch größer, als es im Altertum gewesen war. [1]

Unter den Päpsten, welche nach dem Tridentinum die große, von den Jesuiten beseelte katholische Reaction geführt hatten, war die spanische Monarchie Philipps II. mit Rom auf das engste verbunden gewesen. Darauf hatte Sixtus V. den ersten leisen Versuch gewagt, eine selbständige Haltung Spanien gegenüber einzunehmen, und das durch die Bürgerkriege tief erschütterte Frankreich so weit zu stärken, daß es jener Macht ein Gleichgewicht halten konnte. Denn auf diesem Gleichgewicht der beiden großen katholischen Kronen beruhte für lange Zeit das gesammte politische Verhältniß nicht nur Italiens und des Papsttums, sondern der europäischen Welt.

Der Versuch Sixtus V. hatte keinen Erfolg. Gregor XIV. und Innocenz IX. waren nur dienstbare Werkzeuge Spaniens. Erst mit Clemens VIII. Aldobrandini begann ein Umschwung der römischen Politik einzutreten: dieser Papst absolvirte Heinrich IV., und der neue König von Frankreich lohnte ihm dadurch, daß er ihm zum Besitz Ferrara's verhalf.

Seit dieser Zeit suchte sich das Papsttum an das stark gewordene Frankreich anzulehnen. Unter den drei Nachfolgern Clemens VIII. war nur der letzte, Gregor XV., wieder ganz spanisch und jesuitisch gesinnt.

---

[1] Siehe unter andern die Relation des Renier Zeno (1621—1623): Relaz. della Corte di Roma, Vol. I. (Barozzi e Berchet).

Der große deutsche Krieg war ausgebrochen. Die beiden Päpste, welche dessen erste fünf Jahre erlebten, Paul V. und Gregor XV., haben diesen Krieg durchaus als eine Angelegenheit der europäischen katholischen Restauration aufgefaßt und den Kaiser bereitwillig mit geistlichen und weltlichen Mitteln unterstützt.

Die merkwürdige, überraschende, ganz neue Haltung Urbans VIII. aber war diese, daß er das katholische Princip jenes Krieges verleugnete und fallen ließ, und nur die politische Machtfrage als dessen Beweggrund anerkennen wollte.

Die Verhältnisse der Mächte Europa's zu einander hatten sich geändert. Die beiden Häuser Habsburg, welche längere Zeit eine mißtrauische, fast feindliche Spannung getrennt hielt, Spanien und Oesterreich, hatten sich fest aneinander angeschlossen, und sie standen jetzt als die furchtbarste Macht Europa's da. Sie zu brechen hat Urban VIII. versucht, und das konnte er nur, indem er Frankreich begünstigte und in Italien wieder Stellung nehmen ließ, endlich indem er die Schweden und Protestanten zu siegen nicht hinderte.

Die Frage, ob der dreißigjährige Krieg ein Religionskrieg gewesen sei oder nicht, ist auch heute noch nicht zweifellos entschieden; denn die Verflechtung der politischen und religiösen Motive, welche das unentwirrbare Gewebe dieser großen Revolution Europa's gebildet haben, macht die Antwort schwierig. Und doch sollte, nach mehr als zweihundert Jahren, der Nachwelt das Urteil darüber leichter fallen, als es der handelnden und duldenden Mitwelt selber gefallen ist. Wir übersehen heute den Prozeß jenes Kriegs im Ganzen und Einzelnen; wir kennen durchaus sein moralisches und politisches Gebiet. Wir halten mit der Ruhe des homerischen Betrachters auf den Mauern Iliums Heerschau über alle Helden und Mitstreiter in beiden großen Lagern des europäischen Soldatentums, und wir zählen jedem Fürsten und Führer seine Absichten, seine Vorteile und seine Beute nach. Wir überschauen endlich die Ergebnisse dieses städtevernichtenden, menschenmordenden und doch den Culturgedanken Europa's errettenden Kampfs, dessen **Theater** mit logischer Notwendigkeit das Vaterland **Luthers** und **Melanchthons** war.

Zu jener Zeit, als der große deutsche Krieg, welchen die Nachkommen als eine dreißigjährige Epoche begriffen haben, schon das Stadium von elf schrecklichen Jahren zurückgelegt hatte, urteilte von ihm der Papst — und nicht wenigen wird das Oberhaupt der katholischen Christenheit als der berufenste Richter in dieser Frage gelten — daß er ein politischer, nicht ein Religionskrieg sei, weil er sich nur gegen die Uebermacht des Hauses Oesterreich richte, welches ganz Europa (so sagten auch die Protestanten) mit Knechtschaft bedrohe.

Urban VIII. stellte denselben auf die gleiche Linie jener Kriege, die seit den Unruhen in der Valtellina Oberitalien erschütterten. Sie alle waren politische Episoden des großen deutschen Kriegs, und hatten wenig oder nichts mit der Religion zu thun.

Die kühle Ansicht des Papsts gegenüber dem leidenschaftlichen Weltkampf, in welchen vor seinen Augen die Mächte des Nordens, des Westens und Ostens eine nach der andern eingetreten waren, oder mit frischen Kräften und neuer Wut einzutreten sich rüsteten, erinnert fast an jene vornehme Sorglosigkeit, mit welcher der Epicuräer Leo X. von den Zinnen des Vaticans auf den emporsteigenden Sturm der deutschen Reformation geblickt hatte.

Jene deutsche Reformation hatte die römische Gegenreformation zur Folge gehabt, und diese war mit siegender Gewalt in die Mitte Europa's vorgedrungen. Der lange Zeit hindurch unentschiedene Kampf des reformirenden deutschen Gedankens mit dem römischen Weltsystem gestaltete sich sodann zu dem dreißig Jahre dauernden Entscheidungskrieg. Niemand wird verkennen, daß die feindlichen Gegensätze der alten und der neuen Kirche die Pole dieses Kriegs gewesen sind. Doch konnte ein Kampf so tiefgehender internationaler Natur nicht anders, als in den politischen Mitteln und Elementen, und an den praktischen Machtfragen der Zeit sich fortentwickeln; es kamen mitsammen in Frage die kirchlichen, staatlichen und ökonomischen Verhältnisse Europa's, die Freiheit und Unabhängigkeit der Völker, die Selbständigkeit, die Macht und die Uebermacht der Fürsten. Es sollte jetzt durch die Waffen endgültig entschieden werden entweder der Untergang der reformatorischen Idee in der Welt, oder ihre endliche Sicherstellung als culturgeschichtliches Princip, verwirklicht und dargestellt in dem modernen Staat.

Wird man nun einen Papst jener Epoche für den kurzsichtigsten unter seines Gleichen halten, weil er noch hundert Jahre nach Luther und Loyola so wenig Seher oder Denker war, daß er die innerste Bedeutung jenes Kampfes um die Herrschaft der lateinischen oder germanischen Culturidee in der Welt nicht erkannte, sondern davon nur, als Diplomat, die äußerliche Schale begriff?

Wird man dem Barberini nachsagen dürfen, was man den Mediceern in Rom nachgesagt hat?

Es ist wahr: das Diadem des Fürsten des Kirchenstaats war immer zu gleicher Zeit eine Binde vor den Augen des Papsts.

II.

Die wachsende Größe Frankreichs ängstigte anfangs auch Urban VIII. Er wünschte auch dort den Widerstand der Ketzer, der Hugenotten. Im Jahre 1625 schrieb der venetianische Botschafter Marco Antonio Morosini aus Frankreich: „Der Nuntius bat mich dahin zu wirken, daß die Unruhe in diesem Königreich fortdaure; er sagte mir, das einzige Mittel die Franzosen nicht Fortschritte in Italien machen zu lassen, sei dies, ihnen beständig diesen Splitter in den Zähnen und diesen Stachel zwischen den Füßen festzuhalten." [1]

Als sich die Verhältnisse Italiens durch die Tumulte in der Valtellina mehr verwickelten, ist Urban VIII. dem Bunde zwischen Frankreich, Savoyen und Venedig nicht beigetreten. Er wünschte aufrichtig den Frieden: den rastlosen Projectemacher Carl Emanuel von Savoyen mahnte er ab, die Franzosen ins Land zu ziehen. Dann aber, als Spanien-Oesterreich zu so furchtbarer Größe gelangte, half er den französischen Zweig Nevers-Gonzaga in Mantua einsetzen. Er selbst rief Ludwig XIII. nach Italien; er gab die schon damals so wichtige Unabhängigkeit Savoyens an Frankreich preis, nur um Spanien niederzuhalten. Seit dieser Zeit

[1] Domenico Carutti, Storia della Diplomazia della Corte di Savoia II. 258.

betrachtete er Frankreich als diejenige Macht, welche den Gelüsten des Hauses Habsburg Schranken setzen werde, und überhaupt galt dasselbe Frankreich damals als der feste Punkt des Gleichgewichts der politischen Welt.[1] Den Fall Rochelle's, welcher Richelieu für ein kräftiges Auftreten in Italien und Deutschland erst frei machte, feierte Urban durch Tedeum und Procession. Die Spanier in Rom erkannten darin eine ihnen feindliche Kundgebung, und schon damals gab es eine Scene mit dem spanischen Cardinal Gasparo Borgia, welchen der Graf Oñate beauftragt hatte, dem Papst das Mißfallen Philipps IV. auszusprechen. Die Spanier schrieen: der Papst sei mit Leib und Seele Franzose.[2]

An Spanien festgekettet, von seinen Siegen berauscht, beging der Kaiser Ferdinand II. große politische Fehler: die maßlose Steigerung der Gewalt Wallensteins, seines Werkzeuges zur Unterdrückung deutscher Fürsten und Stände, das Restitutionsedict, den mantuanischen Krieg. Dadurch verfeindete er sich alle Welt. Es gab eine Zeit, wo das Doppelhaus Habsburg allein stand, wo der Kaiser Ferdinand keinen andern Bundesgenossen hatte, als das überall verhaßte Spanien. Der Zwiespalt innerhalb des großen katholischen Machtgebiets, da auf der einen Seite Frankreich, Italien und der Papst, auf der andern Spanien-Oesterreich standen, rettete die protestantische Sache, und machte dem Könige Gustav Adolf die Bahn frei.

Eine Mittelstellung nahm die deutsche Liga der katho-

---

[1] Equilibrio del mondo nennt Frankreich Angelo Contarini. Relaz. della Corte di Roma (1627—29) vol. I. 258.

[2] D'inclinazione e de' sensi, e de' fatti totalmente francese. Nicoletti III. 1375.

lischen Fürsten ein; Richelieu umgarnte sie; um ihre Erhaltung als neutrale Macht gegenüber dem Kaiser bemühte sich der Papst. Immer sah die römische Curie diese Liga, welche zum größten Teil aus geistlichen Fürsten bestand, als einen Bund an, der dem Papst dienstbar sein und von seinem Einfluß beherrscht werden müsse.[1] Urban zahlte ihr und dem Kaiser zu gleichen Teilen die wenigen Subsidien. Er wollte ihr sodann die Hälfte der Renten aus den zurückerworbenen katholischen Stiftern zuweisen. Die Beuteteilung veranlaßte bald genug Streit zwischen Wien und Rom; denn die wiedererlangten Bistümer und Klöster wollte der Kaiser an sein eigenes Haus und die Jesuiten, der Papst an die alten Orden zurückgeben. Wir werden sehen, daß es für Urban VIII. einen Augenblick gab, wo er fürchtete, daß dieses Restitutionsedict nur dazu beitragen werde, die Hausmacht des Kaisers zu verdoppeln.

Gleich nachdem Ferdinand II. jenes verhängnißvolle Edict erlassen hatte, fand er in Rom nicht das dankbare Entgegenkommen, welches er zu erwarten berechtigt war. Durch seinen Botschafter Paolo Savelli forderte er damals zweierlei vom Papst: zum Zeichen des Danks und der Freude eine feierliche Procession und das Zugeständniß der ersten Besetzung aller von den Protestanten zurückerlangten Stifter und Bistümer. Beides schlug der Papst rund ab: eine öffentliche Freudebezeugung, wie nach dem Falle Breda's, sei unpassend, da es sich nicht um einen Sieg, sondern erst um ferne Dinge handle, die noch auszuführen seien; die Be-

[1] Siehe was darüber Alvise Contarini sagt: Relaz. della Corte di Roma I. 376.

setzung der Stifter dem Kaiser abzutreten, würde eine Schädigung der Rechte des heiligen Stules sein.¹

Außerdem konnte der Papst über die wiedererworbenen Kirchen schon deshalb nicht einseitig zu Gunsten des Kaisers verfügen, weil er auf die Fürsten der katholischen Liga Rücksicht nehmen mußte. Denn auch sie beanspruchten ihren Beuteteil, da wesentlich durch ihre Waffen jene Stifter erobert worden waren. Namentlich dem Kurfürsten Maximilian von Baiern hatte Urban versprechen müssen, keine Bestimmung der Art zu treffen, ohne ihn zuvor davon in Kenntniß gesetzt zu haben.² Als der Papst später dennoch sich bewegen ließ, dem Kaiser die Bistümer Halberstadt, Magdeburg und Bremen zu überlassen, nahm das Maximilian sehr übel auf. Jene Länder, so erklärte er, habe sein und der Liga General Tilly erobert, und das Haus Oesterreich dürfe nicht durch den Papst noch größer gemacht werden, als es ohnehin schon sei.³

Seit dem Jahre 1628 versuchte Richelieu den Kurfürsten von Baiern von Oesterreich abzutrennen. Er lockte das ehrgeizige Haus Wittelsbach mit großen Versprechungen, mit der Zusicherung des Besitzes der dem Pfalzgrafen entrissenen Kurwürde und der pfälzischen Gebiete, Erwerbungen, die nur die verzweifelte Not der Zustimmung des Kaisers abgepreßt hatte. Er lockte Maximilian sogar mit der Reichskrone, welche beim Hause Habsburg nicht erblich bleiben dürfe.

---

1 Nicoletti IV. 1206 ff.

2 Francesco Crivelli, diplomat. Agent Maximilians an dessen Rat Aurelio Gigli in München, Rom, 28. April 1629. Staatsarchiv München, Crivelli Corrispondenza di Roma. 1629.

3 Gigli an Crivelli, München, 4. Juni 1629.

Der Nuntius Bagni erklärte eines Tags in Paris, daß der Papst für die Erhöhung Baierns gestimmt sei.[1] Es war auch Bagni, der dem französischen Gesandten Charnacé Briefe an Jocher in München mitgab, denjenigen Rat Maximilians, der einer Annäherung an Frankreich zugänglich erschien.

III.

Die Stimmung in Wien war so gereizt, daß man an die Zeiten erinnerte, wo Carl V., ein beleidigter Kaiser, Clemens VII., einen undankbaren Papst, gezüchtigt hatte. Man sprach von der Herstellung der Kaiserrechte in Italien und Rom. Wallenstein zwar hatte sich erst entschieden gegen den italienischen Krieg ausgesprochen, und deshalb belobende Briefe vom Papst erhalten. Er war der Ansicht gewesen, daß diese Unternehmung den König von Schweden nach Stralsund ziehen, alle katholischen Mächte gegen den Kaiser erbittern, und die Türken und Bethlen Gabor zum Einfall in Oesterreich bewegen werde. Dem Kaiser hatte er dringende Vorstellungen gemacht, die Aufforderung des Grafen Collalto, der ihn durch Piccolomini zu jenem Krieg zu überreden suchte, noch im Februar 1630 entschieden abgelehnt.[2] Dann aber änderte er seine Meinung. Er glaubte, die Streitkräfte, die er in Pommern unter den Befehl des Duca Torquato Conti gestellt hatte, dem Könige von Schweden gewachsen; er argwöhnte, daß der Papst mit Frankreich und Venedig zum Sturz des Hauses Oesterreich verbunden sei.

[1] Hurter X. 236.
[2] Siehe in den Regesten Chlumecky's n. 257. 265. 271. 286.

Nochmals sendeten der Herzog von Savoyen, Collalto und Spinola den Obersten Piccolomini zu Wallenstein ab, ihn dringend aufzufordern, Hülfstruppen nach Italien zu schicken, wo Frankreich sich nicht so sehr des Herzogs von Nevers annehmen, als Oesterreich verderben wolle. Und Wallenstein entschloß sich endlich, dem durch die Franzosen bedrängten Herzog von Savoyen Hülfe zu leisten; er sprach sogar davon, in Person nach Italien aufzubrechen, wo er durch das Gebiet Brescia's gegen Venedig zu ziehen gedachte. Diese Republik wollte er züchtigen, und den Kaiser wieder zum Herrn in Italien machen.[1] „Kurz und gut, die Absicht der Oesterreicher war, Italien einen Zaum anzulegen, wie sie so das große und ungezähmte Deutschland geknebelt hatten."[2]

Als Monsignor Rocci aus der Schweiz, wo er Nuntius gewesen war, nach Regensburg zum Convent der Kurfürsten abging, machte er dem damals noch allmächtig scheinenden, aber schon seinem ersten Fall nahen General in Memmingen Besuch.[3] Der Herzog von Friedland empfing ihn höchst ehrenvoll; er sagte ihm, so aufrichtig wie wahr, daß er den Frieden in Italien sehnlich wünsche, daß er den Krieg gegen den Herzog von Nevers, seinen guten Freund, für ungerecht halte, und zuerst keine Truppen nach Italien habe

---

[1] Chlumecky Reg. n. 298. 306. 315. 316. 319. Am 24. Juli 1630 schickte Wallenstein 416 Pferde seiner Bagage nach Italien voraus. Dann gab er Anfangs August, in Folge der Einnahme Mantua's, seinen Plan wieder auf. Im Anhang n. I. habe ich einen Brief Wallenstein's an den letzten Herzog des alten Hauses von Mantua abgedruckt.

[2] Nicoletti III. 1246.

[3] Wallenstein war im Lager zu Memmingen seit dem 9. Juni 1630. Von dort sind Briefe von ihm datirt bis zum 30. Sept.

schicken wollen. Aber jetzt stehe die Ehre des Kaisers auf dem Spiel; er müsse 44 Companien Fußvolk und 25 Reitergeschwader dorthin abgehen lassen.

Im Gespräch bemerkte Wallenstein mit boshafter Ironie: es sei schon hundert Jahre her, daß Rom die Plünderung Bourbons erlitten habe; damals hätten sich unter der dort gemachten Beute etwa 600 silberne Becken vorgefunden, aber heute würden es deren mehr als 60000 sein; denn der Luxus und Reichthum an kostbaren Dingen seien dort so groß, daß kein Monarch der Welt gleiches aufzuweisen vermöge. Der Nuntius berichtete, daß auch die angesehensten Cavaliere Wallensteins ähnliche Reden und Anspielungen hören ließen.[1] Gleichwol machte er von seinem schmeichelhaften Empfange zu Memmingen einen so vorteilhaften Bericht, daß der Cardinal Staatssecretär Francesco Barberini, ja der Papst selbst dem Herzog von Friedland, wie einem wirklichen Suverän in Briefen für diese Huld Dank sagten.[2]

Der Fall und die barbarische Plünderung Mantua's, am 12. Juli 1630, die grausame Mißhandlung jenes katholischen Landes durch die Kriegsknechte des Kaisers und seine Generale Gallas und Aldringen erneuerte bald genug die Erinnerung an jenen Sacco Roms zu Carls V. Zeit. Ganz Italien, vor allen der Papst, war in Schrecken und Wut versetzt. Ohne das Auftreten Gustav Adolfs in Deutschland würde es mit ihm wol zum offenen Bruch gekommen sein; ohne die bedrängte Lage des Kaisers jenseits der Alpen wäre Urban VIII. nicht so sonder Mühe in den Besitz des erledigten Herzogtums Urbino gelangt. Der Schwedenkönig

[1] Depesche Rocci's vom 15. Juli 1630, ausgezogen von Nicoletti IV. 1.
[2] Siehe Anhang n. II.

und Richelieu befreiten ihn aus einer augenscheinlichen Gefahr: den gleichen Dienst leistete ihm der Widerstand der geistlichen Kurfürsten in Deutschland gegen die Absichten des Hauses Habsburg, die auf die absolute Monarchie gerichtet waren.

In Regensburg machte Rocci diesen widerstrebenden Fürsten Eröffnungen, welche sie ermutigten. Er schloß sich enge an Maximilian von Baiern an, und deshalb unterstützte der spanische Gesandte die Forderungen des Königs von England wegen der Wiederherstellung der Pfalz an seinen geächteten Schwiegersohn. Es unterliegt wol keinem Zweifel, daß der päpstliche Nuntius im Widerspruch zu Spanien auch die Ansicht unterstützte, daß der Herzog von Friedland vom Oberbefehl der kaiserlichen Heere zu entfernen sei. Er bestand vor allen Dingen auf der ungeschmälerten Fortdauer der katholischen Liga, welche der Kaiser ganz aufzulösen trachtete. Unter dem Befehl des Kurfürsten von Baiern sollte das ligistische Heer wie ein päpstliches angesehen werden, um nicht nur die Protestanten, sondern auch den Kaiser und Spanien in Schach zu halten.[1]

Mit Genugthuung konnte aus Regensburg nach Rom gemeldet werden, daß die Liga, zum Verdruß derer, welche sie hatten auflösen wollen, beisammen bleibe und ihr Heer bewahre, und daß der Kaiser den Oberbefehl sogar seiner eigenen Armee dem Grafen Tilly, dem General des Kurfürsten Maximilian, übertragen werde.[2]

Der Kurfürst von Baiern, das Haupt dieser katholischen

---

[1] Aloise Contarini Rel. della Corte di Roma I. 381.
[2] Aurelio Gigli an Francesco Crivelli, Regensburg 4. Nov. 1630. Staatsarchiv München: Crivelli Corrispondenza di Roma 1630.

Liga, war zugleich der einzige noch mächtige und starke Vertreter der reichsrechtlichen Selbständigkeit der deutschen Fürsten gegenüber dem Kaiser, dessen Heere ganz Deutschland erdrückten und durch maßlose Contributionen aussogen, von dem die Rede ging, daß er die ghibellinischen Ideen Wallensteins, des neuen Herzogs von Mecklenburg, durchzuführen strebe, nämlich die Kurfürsten zu beseitigen, und sich zum erblichen, absoluten Gebieter Deutschlands zu machen.

Den wachsenden Widerspruch Maximilians gegen die Uebergriffe des Hauses Habsburg unterstützte nun der Papst im geheimen Einverständniß mit Richelieu und der Republik Venedig. Es war nicht genug, daß er die Fortdauer der katholischen Liga im Princip sicherte, er verlieh ihr auch Mittel zur Erhaltung des Bundesheeres. Der Nuntius Rocci machte in Regensburg im Namen des Papsts das Versprechen, die Hälfte der Renten aus allen den Protestanten wieder entrissenen geistlichen Gütern in Deutschland dieser Liga zuzuweisen.

IV.

Wenn Urban VIII. die deutschen Verhältnisse benützte, um der Macht Habsburgs durch das emporstrebende Baiern einen Damm entgegenzustellen, so leiteten ihn dabei zunächst die Rücksichten auf Italien. Er hatte sich wiederholt an Maximilian mit der Forderung gewendet, den Kaiser von jedem kriegerischen Einschreiten in Mantua abzuhalten.[1] Er

[1] Diese Aufforderungen sind vom Sommer 1628. Am 21. Sept. erklärte Maxim., daß die Intercession beim Kaiser schwierig sei, daß er sie aber doch versuchen wolle. Staatsarchiv München: Crivelli Corrisp. di Roma 1628.

und sein Nepot, der Cardinal Francesco Barberini, überhäuften Crivelli, den Agenten jenes Kurfürsten in Rom, bei jeder Gelegenheit mit Versicherungen ihrer Liebe zum baierischen Fürstenhause. Dasselbe that der französische Botschafter; der Kurfürst, so sagte dieser zu jenem, möge dem Könige von Frankreich vertrauen, der nur sein Bestes im Sinne habe, und der Papst bemerkte zu demselben Agenten: das Haus Oesterreich ist so übermütig geworden, daß es keinen Fürsten mehr achtet; aber die Züchtigung Gottes wird nicht ausbleiben.[1]

Maximilian sandte dem Kaiser keine Hülfstruppen zum mantuanischen Kriege, und dafür empfing er den Dank des Papsts. Er war der erste, welcher diesem die Nachricht von dem zu Regensburg abgeschlossenen italienischen Frieden zukommen ließ. Als die Botschafter des Kaisers, Frankreichs, Venedigs und der Agent Baierns zur Audienz im Vatican erschienen, um dem Papst ihre Glückwünsche darzubringen, nahm dieser Crivelli bei Seite; er überschüttete den Kurfürsten mit Lobeserhebungen, denn wesentlich seinen Bemühungen sei dieser Friede zu verdanken; das Haus Barberini werde dem Hause Baiern ewig verpflichtet bleiben.[2]

[1] La Casa d'Austria si è tanto insuperbita, che non stimava nessuno Principe — ma che Dio l'haverebbe mortificata. Crivelli an Gigli in München, Rom 27. Jan. 1629. — Am 30. Sept. 1628 hatte Crivelli an Maximilian geschrieben, der Papst habe ihm sagen lassen, wenn des Kurfürsten Bruder Albert irgend welche geistliche Stifter, die den Protestanten entrissen seien, für seine jungen Prinzen wünsche, so möge er ihn das wissen lassen. Am 14. Oct. 1628 schreibt derselbe Crivelli, der Papst habe die Kirchen in Lübeck und Hamburg im Sinn. — Im Jan. 1629 machte der Papst Crivelli zu seinem Kämmerer.

[2] Schiava ist der übertriebene italien. Ausdruck der Verbindlichkeit: Crivelli an Gigli, Rom 2. Nov. 1630. Siehe die Danksagung des Papsts und des Card. Barberini an Maximilian, Anhang n. III. u. IV

Urban war außer sich vor Freude; als ihm Crivelli voll höfischer Schmeichelei sagte, Se. Heiligkeit dürfe ferner nicht nach den vergangenen Jahren seines Pontificats zählen, sondern von heute an neu beginnen, entgegnete er lächelnd: ja, heute begann ich; die Hand des Allmächtigen hat diese Wandlung bewirkt. Auf der Fahrt nach Palestrina, dem alten berühmten Sitz des Hauses Colonna, und seit 1630 Eigentum seines Bruders Don Carlo, machte der Papst im Wagen sitzend Verse über den glücklichen Friedensschluß.[1]

An diesem Frieden in Regensburg hatte der Nuntius Rocci, wie Tilly versicherte, Tag und Nacht unermüdlich gearbeitet.[2]

Doch mit demselben Eifer hatte er sich auch um andere wichtige Angelegenheiten bemüht: in Wien beschuldigte man den Papst, daß dieser sein Nuntius zu Regensburg der Wahl Ferdinands III. zum römischen Könige mit den Franzosen entgegengearbeitet habe.[3]

War das nur Verläumdung, wie der Papst später versicherte? Welche Gesinnung Urban VIII. in Bezug auf das heiße Verlangen des Kaisers hegte, seinem Hause die Nachfolge im Reich zu sichern, lehrt der folgende Bericht Crivelli's vom 20. Januar 1629:

„Der Herr Cardinal Barberini hat mir unter dem Siegel der Verschwiegenheit befohlen, Er. Durchlaucht (dem Kurfürsten von Baiern) kund zu geben, daß der hiesige Bot=

---

[1] Crivelli berichtet davon im genannten Brief; er schickte die Verse dem Kurfürsten.

[2] Tilly an Crivelli, Regensburg 21. Oct. 1630. Staatsarchiv München: Crivelli Corrispond. di Roma.

[3] Aloise Contarini l. c.

schafter des Kaisers bei Sr. Heiligkeit und ihm im Namen
Sr. Kaiserl. Majestät darauf gedrungen hat, mit den Kur=
fürsten und im besondern dem von Baiern dahin zu wirken,
daß man sobald als möglich zur Wahl des Königs der Römer
schreite. Dies sind die Worte des Cardinals: ich habe Sr.
Excellenz meinen guten Willen zu erkennen gegeben, um mich
nicht durchschauen zu lassen, vielmehr um so zu thun, als
wäre dabei keine Schwierigkeit. Ich sagte ihm, daß nach
meinem Dafürhalten die Wahl schwerlich außerhalb des
Hauses Oesterreich fallen werde; ich versprach ihm, alles zu
thun, um Sr. Kaiserl. Majestät Wunsch schneller Erledigung
zu befriedigen. Aber, um offen und vertraulich zu Ihnen
zu reden, die Absicht Sr. Heiligkeit und die meinige ist eine
ganz andere, wenn ich auch auf Befehl des Papsts aus wich=
tigen Rücksichten in der genannten Weise mich zum Botschafter
habe äußern müssen. Jetzt wünsche ich von Sr. Hoheit zu
erfahren, wie ich mich zu verhalten habe, und was seine
Ansicht sei, denn ich habe nichts anderes im Sinn, als die
Erhöhung seines durchlauchtigsten Hauses. Sie mögen ihm
in meinem Namen versichern, daß ich es ganz natürlich finde,
wenn ich zu solchem Zweck Sr. Hoheit dienstbar bin. Hier=
auf eröffnete er sich mir in der herzlichsten Weise und sagte
mir frei heraus, er wolle nicht, daß man zu jener Wahl
schreite in einer Zeit, wo man noch nicht sicher wisse, ob sie
auf die Person Sr. Hoheit fallen werde.

Ich habe das alles dem Papste mitgeteilt, welcher mir
sagte, daß er so dem Cardinal Barberini befohlen habe,
und hinzufügte: ich bitte dringend, die Sache geheim zu
halten; dies ist ein Geschäft, welches die äußerste Wachsam=
keit verlangt. Ich erkannte aus den Reden Sr. Heiligkeit,

daß er mit Frankreich und Venedig dahin wirken wolle, die genannte Wahl zu verhindern. Er bemerkte, es sei noch nicht Zeit, eine solche Angelegenheit zu behandeln. Dies ist die größeste Audienz, die ich jemals beim Papste gehabt habe. Er trug mir, ich weiß nicht wie viele Dinge an Se. Hoheit auf; doch die Zeit drängt, und diesmal kann ich nichts mehr melden. Mit nächstem, so Gott will, mehr in derselben Weise. Es darf Niemand anders als Se. Hoheit von dem Inhalt Kenntniß haben. Dieselbe möge unterdeß sowol mir, als Sr. Heiligkeit und dem Cardinal offnes Vertrauen schenken und mir die geeigneten Befehle erteilen!" [1]

Der Kurfürst von Baiern ließ seinem Agenten auf jene Eröffnung in der vorsichtigsten Weise antworten; er danke für die ihm freundlichen Gesinnungen; mit dem Gegenstande selbst habe es keine Eile; zuerst müßten die Unruhen im Reich völlig beigelegt werden. [2]

Die Ansicht des Papsts, Maximilians und der andern deutschen Fürsten, daß die Wahl des römischen Königs nicht an der Zeit sei, machte sich auf dem regensburger Tage geltend: der Kaiser erreichte den dringendsten und höchsten seiner damaligen Zwecke nicht. Alle seine Absichten scheiterten an dem großen, festgeschlossenen Bunde seiner Gegner.

V.

Nun trat der erstaunliche Umschwung ein: die habsburgische Macht stürzte plötzlich von ihrer Höhe herab; der

[1] Crivelli an Gigli, Rom 20. Jan. 1629, Anhang n. V.
[2] Gigli an Crivelli, 8. Febr. 1629. Ich finde in dieser Sache noch eine Depesche Crivelli's an Gigli, Rom 6. April 1630, wo der Agent

augenblicklich gewaltigste Kaiser, der unbeschränkte Gebieter von den Ebenen der Lombardei bis zu den baltischen Meeren, entwaffnete sich selbst und machte sich hülflos. Er beraubte sich Wallensteins und eines großen Teils seiner Armee; er überlieferte dem Herzog von Nevers das eroberte Mantua; er schloß im Widerspruch zu Spanien den ungünstigen italienischen Frieden. Und dieser Friede wurde nicht einmal nach den Artikeln von Regensburg und Chierasco ausgeführt, sondern Richelieu überlistete den Kaiser und Spanien, indem er Pinerolo an Frankreich brachte. Die wütenden Spanier nannten sich „verraten durch die Falschheit des Papsts". [1]

Gleich den Venetianern aber freute sich Urban, daß die Franzosen, nachdem sie durch den Vertausch Saluzzo's für Bresse im Jahr 1601 ihre Stellung in Italien aufgegeben hatten, jetzt hier wieder festen Fuß erhielten, obwol die Unabhängigkeit Piemonts dadurch zu Grunde ging. Frankreich sollte hier das Gleichgewicht gegen Spanien halten. Schweden und Frankreich sollten die Uebermacht Habsburgs brechen; so erhielt sich der Papst den Kirchenstaat und die geistliche Autorität. „Er wollte lieber, daß die Protestanten sich behaupteten, als daß die europäische Gewalt in die Hände eines Einzigen kam, der ihn dann auf die primi-

---

nur gelegentlich bemerkt, der röm. Hof sei voll von Reden über die nahe Wahl des röm. Königs: nè il Papa, nè Barberino la possono inghiottire.

[1] Ausdrücklich sagte der venet. Botschafter Aloise Contarini von Urban: consigliò a i medesimi (Francesi) l'acquisto e la conservazione di Pinerolo, per necessario equilibrio alle cose d'Italia. Relaz. della Corte di Roma I. 368.

tiven Verhältnisse eines bescheidenen Bischofs herabsetzen
konnte." [1]

Diese Ansicht des berühmtesten deutschen Publicisten im
siebzehnten Jahrhundert ist nicht übertrieben. Denn die
größeste Gefahr, welche das Papsttum als die kirchlich=
politische Anstalt, zu der es geworden war, bedrohte, kam
nicht von den Protestanten her, sondern sie lag in den
katholischen Mächten selbst, die auf Grund ihres legitimen
Verhältnisses zum heiligen Stul auch die legitimen Mittel
besaßen, nicht allein ihn zu schwächen, sondern ihm die hi=
storische Grundlage zu entziehen. Die Größe, welche ehedem
das Kaisertum unter Carl V. dem Papsttum gegenüber einen
Augenblick lang eingenommen hatte, erschien jetzt wieder in
Ferdinand II., der selbst noch in den Zeiten seiner Bedräng=
niß furchtbar genug war. Carl V. hätte vor hundert Jahren
die Kirche und das Papsttum reformiren können, wenn er
den richtigen Augenblick dazu ergriff. Konnte das jetzt nicht
auch Ferdinand II. thun? Konnte nicht der bedrängte Kaiser
das Restitutionsedict aufgeben, die Protestanten beruhigen
und der Kirche in Deutschland eine Selbständigkeit sichern,
wie sie die französische besaß? Konnte nicht der tief erbitterte
König von Spanien das Gleiche in seinen Landen thun?

Indeß an diesen widerstrebenden und argwöhnischen
Papst, an jene von Haß glühenden Fürsten Italiens rich=
teten Spanien und der Kaiser dringende Forderungen, die
geistliche und weltliche Macht zur Rettung des von ketzeri=
schen Feinden bedrohten Reichs und der in ihrem Dasein
gefährdeten Religion einzusetzen. Doch für Urban VIII. gab

---

[1] Pufendorf de rebus Suecicis II. 62.

es keine nähere Sorge als die Ruhe Italiens durch Erschaffung des politischen Gleichgewichts und die Sicherstellung seines Kirchenstaats. Seine Kassen waren erschöpft, sein Land tief verschuldet. Er gab große Summen aus, dieses und Rom mit Festungen und einem Kriegshafen zu versehen. Denn in Zeiten der Not wollte er nicht von der unsichern und gefährlichen Hülfe fremder Fürsten abhängen.

Später verschleuderte er vierzehn Millionen und stürzte den verarmten Kirchenstaat in immer tiefere Schulden, als ihn seine Nepoten zum Krieg um Castro drängten, der ein so klägliches Ende nahm. Die Barberini klammerten sich an Frankreich fest; sie bezogen von dort reiche Pensionen; der Cardinal Antonio war Protector der französischen Nation. Sie gierten nach Fürstentümern, wie vor ihnen die Ludovisi. Jedoch mit Urbino seinen jungen Neffen Don Taddeo auszustatten, wagte der Papst nicht. Aber bei einem Umsturz der Dinge in Italien konnte ihnen wol Neapel zufallen, wenn Mailand an Frankreich und Genua an Savoyen fielen. Solche Plane (sie kehrten in der Geschichte des Papsttums immer wieder) kamen in Berechnung, und sie waren dem Kaiser durchaus nicht unbekannt.

Indem nun der Papst erklärte, daß er sich nicht um die Angelegenheiten in Deutschland, nur um das Wol Italiens zu kümmern habe, suchte Spanien und der Kaiser auf ihn mit der Vorstellung einzuwirken, daß gerade Italien von einer protestantischen Invasion bedroht sei. Solche war freilich nicht unmöglich. Statt eines kaiserlichen Romzuges unter Wallenstein konnte ein protestantischer unter den Fahnen des Schwedenkönigs ausgeführt werden. Der Gedanke an die alten Romfahrten war in Deutschland noch immer nicht erloschen.

Im Jahre 1614 sagte Girolamo Soranzo vor dem Senat Venedigs folgendes: es lebt festgewurzelt in den Deutschen der Wille und Trieb, Italien mit Waffen anzufallen; das wollen besonders die Protestanten aus Haß gegen den Papst; und alle sammt und sonders begehren hier die Rechte des Reichs herzustellen und sich mit Beute zu bereichern, da die Schätze dieses Landes in großem Rufe stehen. [1]

Im Antiscioppius, einer bekannten Schrift vom Jahre 1619, wird der Kaiser an das Beispiel Carls V. gemahnt und aufgefordert, mit den gesammten Gliedern des heil. römischen Reichs den Papst aus seinem Nest in seine Kirche zu schaffen, wo er seines geistlichen Amts nüchtern und bescheiden warten und sich nicht um weltliche Dinge bekümmern solle. „Wisse, mein lieber Landsmann," so heißt es dort, „daß die Protestirenden dem Spanier und dem Papst stark genug sein werden, um ihn bald in seine Engelsburg treiben zu können."

Der Vorgänger Urbans VIII. hatte den Einbruch der Ketzer in Italien und die Herstellung der alten Ansprüche des Reichs auf Rom durch einen protestantischen Kaiser gefürchtet, und das in seiner Instruction vom 22. April 1621 an den Nuntius Caraffa offen ausgesprochen. Nur elf Jahre später standen die Protestanten näher als je an den Pässen Italiens. Ihr siegreiches Haupt nannte sich König der Wenden und Gothen — ein mythischer und schrecklicher Titel,

---

[1] Fiedler Fontes Rer. Austr. II. 1—34.

welcher auf die Phantasie der Italiener stark gewirkt hat. Man glaubte dort an die Fortdauer der furchtbaren Gothen Theodorichs und Totila's in einem für italienische Kenntniß der Geographie nicht gut zu bestimmenden nordischen Lande.

Es ist bekannt, daß Gustav Adolf nach den Siegen, die ihn ins Herz Baierns führten, auch Italien in den Kreis seiner politischen Berechnungen gezogen hat. Der Angriff der spanischen Macht an ihren italienischen Wurzeln würde ohne Frage eine Revolution aller Verhältnisse jenes Landes zur Folge gehabt und dem Schwedenkönige die Kräfte dortiger Fürsten zugeführt haben. Er unterhandelte mit Richelieu und den Schweizern: er forderte von jenem freien Durchzug durch die rhätischen Pässe. Durch das graubündtner Land, wo ihn die Protestanten mit ihrem General Rohan sehnlich erwarteten, wollte er in die Lombardei hinabsteigen, während der junge Held Bernhard von Weimar vom Bodensee her in Tyrol einzudringen und die Donau hinab nach Wien sich den Weg zu bahnen gedachte. [1]

Schon geriet Italien in Bewegung, und selbst der Papst wurde nachdenklich. „Es gab dort manche," so urteilte der Zeitgenosse Burgus, „welche die Waffen des Königs von Schweden herbeiwünschten, doch die Verständigeren bedachten die alten Invasionen dieser Völker, und sie bejammerten zum voraus die Verheerung des Vaterlandes." [2] Der spanische Vicekönig Feria in Mailand schickte 12,000 Mann unter dem Befehl des Sohnes Spinola's gegen die Valtellina, und Genua rüstete die Verteidigung.

---

[1] Gualdo Priorato Hist. delle guerre di Ferdin. II. etc. IV. 114.
[2] De bello Suecico III. 220.

Lag es wirklich im Plan Gustav Adolfs, sein siegreiches Schwert auf Rom und die Kaiserkrone zu legen? Konnte dieser Held aus dem äußersten Norden, der Löwe von Mitternacht, wie ihn die Protestanten hießen, die legendäre Gestalt des Veltro Allegorico in Italien annehmen, und der Befreier des unglücklichen Landes vom Joche Spaniens werden? Ist dieser Gedanke durch seine verschwiegene Seele gegangen? Niemand weiß es; der große Schwedenkönig fiel, ehe ihn die Macht der Verhältnisse auf Bahnen drängte, die später Napoleon genommen hat.

VI.

Das zwischen Gustav Adolf und dem König von Frankreich am 22. Januar 1631 zu Bärwalde abgeschlossene Bündniß erbitterte Spanien und den Kaiser gegen den Papst. Selbst der Kurfürst von Baiern, obwol mit dem Hause Habsburg schon seit einiger Zeit in Spannung und in Unterhandlungen mit Richelieu begriffen, sah sich genötigt, dem Papst Vorstellungen zu machen. Man darf annehmen, daß Maximilian dieses that, mehr noch weil sein katholisches Gewissen verletzt war, als weil er dazu von Wien und Madrid her dringend aufgefordert worden war.

Am 3. April 1631, zwei Monate nach dem Abschluß jenes französisch-schwedischen Bündnisses, beteuerte er in einem Schreiben dem Papst, daß er niemals irgend einen Vertrag oder Frieden veranlassen oder gut heißen werde, welcher die Religion beschädigen könne. Er denke nur an den Sieg der Kirche. Aber die katholischen Fürsten Deutschlands seien ganz erschöpft; keine Hülfe komme ihnen vom Auslande, von katholischen Königen und Fürsten zu, während die Macht der Feinde täglich wachse. Dem Schweden helfen nicht nur die ketzerischen Fürsten, sondern, was beklagenswert sei, auch katholische Könige schließen mit ihm ein inniges Bündniß, und auf ihre Ermunterung, ihr Geld und ihre Truppen vertraue der Schwedenkönig. Deshalb hätten die ganz und gar verlassenen katholischen Fürsten Deutschlands ihn, den Kurfürsten von Baiern, aufgefordert, mit den Protestanten im Reich einen Frieden oder eine Uebereinkunft zu vermitteln. Um nun entweder den Krieg mit einiger Aussicht auf Erfolg fortzuführen, oder anständige Friedensbedingungen zu erlangen, wende er sich an den Papst; dieser könne dazu das Meiste beitragen, nicht nur wenn er die katholische Liga im Reich bei so großer Not mit Mitteln unterstütze, sondern wenn er sich entschließe, die katholischen Könige von ihren Bündnissen mit den Ketzern abzubringen.[1]

Es ging seit diesem Briefe Maximilians an den Papst kaum ein Monat hin, und derselbe Kurfürst schloß am 8. Mai 1631 seinen Schutzvertrag mit Frankreich ab. Dies Bündniß mit dem Erbfeinde Habsburgs bedeutete die Trennung Baierns vom Kaiser; noch mehr, es schien in sich zu bergen nicht nur einen baldigen Vertrag des Kurfürsten und der Liga mit dem Schwedenkönige selbst, sondern eine Um-

---

[1] Porro ut bellum aliqua spe geri queat, aut sane honestae pacis conditiones obtineri queant, plurimum conferre Sanctitas Vestra potest, si non solum suis opibus et auxiliis catholicos et confederatos Imperii principes in his extremis periculis — juvet, verum etiam si summa sua prudentia — catholicos reges principesque a foederibus et auxilio haereticis ferendo retrahere conetur. Entwurf des Schreibens Maximilians. Staatsarchiv München, Crivelli Corrisp. di Roma 1631.

wälzung der gesammten Verhältnisse des Reichs, in welcher die österreichische Dynastie zusammenstürzen mußte.

Die Höfe in Wien und Madrid waren tief bestürzt. Bagni, der päpstliche Nuntius in Paris, hatte die Unterhandlungen zwischen Richelieu und Maximilian vermittelt; deshalb nannte man diesen Cardinal, d. h. den Papst selbst, den Urheber des schwedischen Kriegs. Und mindestens waren die Habsburger in ihrem Recht, wenn sie in Urban VIII. den Beförderer jenes französisch-baierischen Vertrags erkannten. Nachdem derselbe vollzogen war, bemerkte eines Tags der Papst zu dem Agenten des Kurfürsten Maximilian fast mit dem Tone des Vorwurfs, daß er durch seinen Herrn von dem Abschluß des Bündnisses nicht benachrichtigt worden sei. Crivelli meldete das nach München, worauf der Kurfürst seinem Gesandten in Rom folgendes schreiben ließ: er habe die Anzeige unterlassen, weil er als sicher angenommen, daß Bagni, der Unterhändler seines Bundes mit Frankreich, an den er geschrieben, den Papst davon werde benachrichtigt haben. Crivelli solle dies Sr. Heiligkeit vorstellen und versichern, daß diese Liga mit Frankreich die Frucht der väterlichen Sorge des Papstes sei, welcher stets zum guten Verständniß mit jener Krone geraten habe.[1]

Die Spanier beklagten sich laut, daß Urban das Haus Oesterreich erniedrigen, ihm die Krone des Reichs entreißen wolle, um dieselbe an das ehrgeizige Baiern zu bringen. Sie gaben kund, daß in ihren Händen die Abschriften der

---

[1] Gigli an Crivelli, München 23. Oct. 1631: — affermando inoltre essere in effetto seguita tale lega come parto e frutto della paterna providenza della Santità Sua, che secondo V. S. sà ha esortato sempre a buono intendimento con quella corona.

Correspondenz zwischen dem Cardinal Bagni und einem Rat des Kurfürsten von Baiern (Jocher) sich befänden. Der Nuntius Rocci entdeckte in Wien, daß Quiroga, der Beichtvater der Königin von Ungarn, ein Schriftstück besitze, welches die Mittel angab, mit denen die Spanier aus Italien zu vertreiben seien, und auch diese Schrift wurde Bagni zugeschrieben.[1]

Der Pater Lämmermann erklärte eines Tages ganz offen dem Nuntius in Wien, daß der Kaiser, wenn er sich von der Unterstützung des Papsts verlassen sehen sollte, mit den Protestanten einen Frieden schließen werde, noch ungünstiger und schlimmer, als der passauer Vertrag gewesen sei.

Der Kaiser war auch darüber aufgebracht, daß Urban VIII., ohne ihm zuvor davon Kenntniß zu geben, der katholischen Liga die Hälfte der Renten aus den wiedererworbenen Stiftern in Deutschland zugewiesen hatte. Dies war in Folge des in Regensburg gemachten Versprechens und auf das wiederholte Gesuch der geistlichen Bundesfürsten geschehen am 9. April 1631.[2] Ferdinand befahl nun seinem Botschafter Savelli in Rom, vom Papst zu verlangen, daß er die betreffende Bulle aufhebe, dieselbe Rente auf die Dauer von fünfundzwanzig Jahren der kaiserlichen Kasse überweise und monatliche Subsidien zahle, wie solche seine

---

[1] Nicoletti IV. 125.

[2] Bullar. Roman. Editio Taurin. T. XIV. Die Vergünstigung sollte für 3 Jahre gelten, wenn die Liga so lange dauere. Am 22. Mai 1631 dankte der Kurfürst Maximilian dem Card. Barberini und dem Papst für diese Gunst, bemerkte aber, daß sie vorerst fruchtlos bleibe, da jene Güter in den Ländern der Protestanten lägen, die sie für sich nehmen würden. Staatsarchiv München: Barberini Corrispondenza Romana.

Vorgänger gezahlt hatten. Am 7. Juni 1631 stellte der Botschafter diese kaiserlichen Forderungen, und Urban lehnte sie mit Entschiedenheit ab.[1]

Einige Subsidien freilich zahlte der Papst bereits. Als nach der Schlacht bei Breitenfeld die katholische Sache in Deutschland in größere Gefahr gekommen war, bestimmte er einen monatlichen Beitrag von 12,000 Thalern, jedoch sollte diese Summe zwischen dem Kaiser und der Liga geteilt werden. Am 20. December wurden die ersten Wechsel nach Deutschland geschickt.

VII.

In seiner steigenden Not faßte der Kaiser den Plan, alle katholischen Staaten, zumal die italienischen Fürsten und den Papst, zu einer großen Liga, oder wie Richelieu spottend sagte, zu einem Kreuzzug wider Gustav Adolf zu vereinigen. Als Grundlage dieses Bundes sollte gelten der zwischen ihm und Spanien zu Wien am 14. Februar 1632 auf die Dauer von sechs Jahren abgeschlossene Vertrag, zum Zweck der Vertreibung Gustav Adolfs vom Boden des Reichs und der Herstellung Deutschlands in den Zustand vor der schwedischen Invasion.[2]

Es kam nun alles darauf an, das Oberhaupt der Kirche selbst in die Handlung hinein zu ziehen, durch ihn dem Kriege den heiligen Stempel der Religion aufdrücken zu lassen, endlich dem Papst eine entschiedene Erklärung gegen die politischen Umtriebe Frankreichs abzunötigen. Denn

[1] Nicoletti IV. 111.
[2] Theatrum Europaeum II. 537.

Urban VIII. erhob keinen Einspruch wider jenes den Kaiser wie den Katholicismus bedrohende Bündniß Frankreichs mit dem ketzerischen Schwedenkönige. Er hatte auch nichts dagegen einzuwenden, wenn der Herzog von Baiern die französischen Vorschläge der Neutralität Schweden gegenüber annahm.

Zum Zweck jener geplanten Liga gingen im Februar 1632 Gesandte des Kaisers an verschiedene Höfe ab, der Baron Peter von Schwarzenberg nach Paris, der Baron Antonio Rabatta zu den italienischen Fürsten, zum Papste der Herzog Federico Savelli, und noch mit besonderen Aufträgen der Cardinal Pazman, Erzbischof von Gran und Primas von Ungarn. Es ist bekannt genug, wie kühl Rabatta (er ging im März zunächst nach Venedig) an den Höfen Italiens abgewiesen wurde. Der mantuanische Krieg rächte sich.

Die Instruction des Kaisers für Pazman (vom 5. Februar 1632) besagte folgendes: der Gesandte solle sich beim Papst beklagen, daß katholische Mächte seine Feinde im Krieg unterstützen, vorgebend, er bedrohe die Freiheit der Fürsten und Stände Deutschlands. Nach der Besiegung des Pfalzgrafen habe er nichts angestrebt, als den Frieden und die Mehrung der Religion in seinen wiedereroberten Erblanden. Seine Mäßigung im italienischen Krieg habe der Papst selbst rühmend anerkannt. Trotzdem sei der König von Schweden im Bunde mit Frankreich gegen ihn aufgetreten. Derselbe breite sich über ganz Deutschland aus; zwar wüte er nicht gegen die Katholiken, aber das sei nur List. Er suche die katholischen Fürsten vom Oberhaupt des Reichs zu trennen, um dann das Haus Habsburg und die Religion auszutilgen. Gustav Adolf werde nach Italien aufbrechen: das zeige die jüngste Schweizerversammlung in Baden. Er werde gegen

Rom selbst ziehen, die Burg der katholischen Religion. Der Kaiser habe den Papst ermahnt, der Gefahr zu begegnen: in den österreichischen Erbstaaten sei die katholische Religion noch keineswegs wieder befestigt. Er habe den regensburger Frieden in Italien ausgeführt, aber der König von Frankreich vom Herzog von Savoyen die Auslieferung Pinerolos erzwungen und die graubündtner Pässe besetzt. Gleich nach jenem Frieden habe Frankreich mit dem Schwedenkönig ein Bündniß geschlossen, in Folge dessen dieser so weit vorgeschritten sei. Frankreich suche die katholischen Fürsten Deutschlands ganz vom Reiche loszulösen. Pazman nun solle den Papst dazu bewegen, daß er Frankreich vom schwedischen Bündniß abtrenne und daß der regensburger Friede ausgeführt werde. Er solle ihn zu einem Bund aller katholischen Fürsten und zu erhöhten Subsidien veranlassen. [1]

Noch bevor der Primas von Ungarn Rom erreichte, traf hier am 20. Februar 1632 der Herzog Federico Savelli ein. Dieser Römer aus einem altberühmten Hause, ein Untertan des Papsts, hatte im kaiserlichen Heer Dienste genommen gleich andern Römern, wie Carlo Colonna, Torquato Conti, Luigi Mattei und Caffarelli. [2] In dem Feldzug in Pommern hatte er wenig Ehre davongetragen; vor Gustav Adolf zurückweichend übergab er dort den Schweden am 25. Februar 1631, schon am vierten Tage der Belage-

---

[1] Abgedr. im B. II. Ep. Petri Pazmani, ed. J. F. Miller de Brasso a. 1822. Die Briefe und Berichte des Cardinals sind eine Hauptquelle für jene Ereignisse.

[2] Unter den Briefen des Cardinals Francesco Barberini (Bibl. Barber.) gibt es Empfehlungsschreiben an den Kaiser und an Wallenstein für Römer und Italiener, welche Dienste suchten: am 17. Juni 1627 empfiehlt er Alessandro Sacchetti; am 14. Aug. 1627 Silvio Piccolo-

rung, die wichtige Festung Demmin.[1] Er war hierauf von dem erbitterten Tilly seines Commando's entsetzt und zur Rechtfertigung nach Wien geschickt worden, aber beim Kaiser trotzdem nicht in Ungnade gefallen, wie das seine ehrenvolle und wichtige Sendung nach Rom bewies.

Hier verbreitete Savelli alsbald eine Schrift zur Rechtfertigung seines beschädigten militärischen Rufs. Er fand am päpstlichen Hof seinen eigenen Bruder Paolo als ordentlichen Botschafter des Kaisers vor und neben ihm als diplomatischen Agenten den Auditor der Rota Monsignor Motman.

Der Herzog überzeugte sich sofort von der durchaus feindlichen Stimmung im Vatican. Urban VIII. hatte zwar eben erst, am 17. Januar, ein pomphaftes Schreiben an Wallenstein geschickt, um ihm und der Christenheit dazu Glück zu wünschen, daß er wieder an die Spitze der kaiserlichen Heere getreten sei, doch solche schwülstige Phrasen konnten keinen Einsichtigen täuschen.

Dies ist der Brief des Papsts an den Herzog von Friedland:

Geliebter Sohn, edler Mann, Gruß und den apostolischen Segen. Diese Mutter der Nationen vernahm, daß du durch die Stimme der Kais. Majestät und der katholischen Provinzen wieder zur Führung des deutschen Kriegs berufen worden bist, und mit lautem Beifall wünscht sie der römischen Religion und dem römischen Reich Siege, welche die Bosheit und Gottlosigkeit zu Boden schmettern mögen. Wir

mini, dessen Vater Enea im böhmischen Krieg gefallen sei, dessen Vatersbruder Ottavio schon im Dienste des Kaisers sich befinde, dessen zweiter Onkel Ascanio Familiar des Cardinals sei.

[1] Chemnitz I. 119.

stimmen freudig ein in den Ruhm deines Namens. Wir ziehen die Bedürfnisse des katholischen Glaubens zu Rate, und wir flehen zu dem Gott der Heerscharen, daß er den Degen der himmlischen Rache in deiner triumphirenden Rechten von Ruhm wolle erfunkeln lassen, um das Strafgericht über die Völker zu vollziehen, welche sich gegen den Himmel auflehnen, und um das Seufzen der trauernden Kirche zu trösten. Unter deinen Legionen, die für Gott kämpfen, werden die Scharen des Himmels Mitstreiter sein. Mit dieser beseligenden Hoffnung trösten wir unsere päpstliche Bekümmerniß, und indem Wir dir Unsern Segen erteilen, wollen Wir, daß du dieses ehrenvollen Zeugnisses der öffentlichen Erwartung genießest, und so erflehen Wir für dich den Segen des Allmächtigen. Gegeben zu Rom beim S. Peter, unter dem Fischerring am 17. Januar 1632. [1]

Der Herzog von Friedland erhielt das Breve durch den Auditor des Nuntius Rocci zu Znaim, wo er sein Hauptquartier hatte. Er beantwortete dasselbe durch zwei ehrerbietige Schreiben, und erklärte dem Boten, daß er den Gedanken des allgemeinen Kriegs gegen die Türken nicht aufgegeben habe. Ein solcher Krieg unter der Autorität des Papsts würde der gerechteste in der Welt, und zugleich der vorteilhafteste sein, denn viele Länder könnten dadurch er-

---

[1] Siehe Anhang n. VI. Dudik hat in seiner Schrift „Waldstein von seiner Enthebung bis zur abermaligen Uebernahme des Armee-Obercommando" (Wien 1858, S. 193) unter den vielen an Wallenstein gerichteten Glückwünschen ein Schreiben des Cardinals Barberini von demselben 17. Jan. aufgeführt, nicht aber das Breve des Papsts, dessen Abschrift ich im Archiv zu Modena fand. Ich nehme an, daß dies Breve von dem Geschenk des geweihten Degens begleitet war, worauf eine Stelle (framen, eigentlich Speer) in ihm deutet. Auch wurde solcher Degen vom Papst zu Neujahr erteilt.

obert, das Haus Barberini aber mit dem Fürstentum Morea ausgestattet werden.[1] So schmeichelte Wallenstein dem Papste und seinen Nepoten, die er schon früher aufgefordert hatte, ihm Mitglieder ihres Hauses zu schicken, damit sie unter seinen Fahnen Dienste nähmen; und so schmeichelten ihrer Seits jene dem mächtigen Manne, der ihre Interessen beim Kaiser unterstützen konnte.

Die damalige Stimmung in Rom spricht eine Depesche des toscanischen Agenten so aus: die Kaiserlichen hier und Monsignor Motman im besonderen zeigen große Zuversicht, weil der Herzog von Friedland die Leitung der Dinge in Deutschland wieder übernommen hat. Aber man klagt gar sehr über den Papst. Motman versichert, daß keine schwedische Unglücksbotschaft hier irgend Eindruck mache; er hält für gewiß, daß man im Einverständniß mit Frankreich den Abzug des Hauses Oesterreich aus Italien wünscht, um bei der Teilung ein Geschäft zu machen. Weil das nicht ohne den Umsturz Deutschlands geschehen kann, so läßt man hier, wie er sich ausdrückt, gerne das Wasser bergab laufen. Auch behauptet er, daß man keineswegs erfreut gewesen ist, daß Friedland den Oberbefehl wieder übernommen hat. Motman hat dringend vorgestellt, daß der Papst und der Cardinal Barberini eine wahrhafte Aussöhnung zwischen dem Kaiser und dem Herzog von Baiern vermittle, doch er bekennt, daß er dafür nicht Neigung und Entgegenkommen findet.[2]

---

[1] Nicoletti IV. 151. Der Plan eines Türkenkriegs beschäftigte Wallenstein (ob ernstlich?) schon seit lange. Siehe unter andern seinen Brief an Collalto v. 9. April 1629, bei Chlumecky Regesten der Archive im Markgrafthum Mähren n. 184.

[2] Francesco Nicolini an den Großherzog, Rom 27. Jan. 1632. Staatsarchiv Florenz.

VIII.

Der Herzog Savelli beeilte sich, die Schreiben des Kaisers an die einflußreichsten Cardinäle abzugeben, und die Gesandten der italienischen Höfe aufzusuchen, welche er um Ueberlassung von Panzern für die kaiserliche Reiterei angehen sollte, da die Zusendung solcher aus den flandrischen Waffenfabriken unmöglich geworden war.[1]

Was Savelli vom Papst zu fordern hatte, war genau dasjenige, was der ordentliche Botschafter Spaniens, der Cardinal Gasparo Borgia, und die spanischen Cardinäle schon seit geraumer Zeit mit immer größerem Ungestüm verlangten.

Das madrider Cabinet forderte Unterstützung des Kaisers durch reichliche Subsidien aus dem verschlossenen Schatz der Engelsburg, und den Beitritt des Papstes zur großen katholischen Liga, wobei seine wahre Absicht war, deren Waffenmacht gegen Frankreich zu wenden, um diesen Gegner aus seiner Stellung in Italien herauszuwerfen.

In wiederholten Audienzen hatte Borgia die heftigsten Anklagen gegen Ludwig XIII., den offenbaren Bundesgenossen des Feindes der katholischen Religion, erhoben. Er hatte Richelieu geradezu der Ketzerei beschuldigt und gegen ihn und den König von Frankreich die Excommunication der Bulle in Coena Domini verlangt, welche Urban VIII. selbst vor nur wenig Jahren erneuert und verschärft hatte.

In den Memoiren Richelieu's wird behauptet, daß sich

---

[1] Francesco Mantovani an d. Herzog v. Modena, 25. Febr. 1632. Staatsarchiv Modena.

die Hoffnung der habsburgischen Höfe, den Papst für sich zu gewinnen, auf dessen augenblickliches Zerwürfniß mit dem französischen Botschafter stützte, aus Grund eines berühmt gewordenen Etikettestreits. Das Amt der römischen Stadtpräfectur nämlich, welches seit Sixtus dem IV. mit einiger Unterbrechung beim Haus Róvere erblich geblieben war, hatte Urban VIII., nach dem Tode des letzten Herzogs von Urbino dieses Stammes, seinem Nepoten Don Taddeo am 12. Mai 1631 feierlich übertragen. Diese veraltete Würde ohne Inhalt steigerte jetzt der Papst zur höchsten Bedeutung — damals hat auch der Präfect des vaticanischen Archivs, Felix Contelorius, die Geschichte der römischen Präfectur geschrieben und Don Taddeo gewidmet.[1] Der Stadtpräfect Barberini nun beanspruchte den Vortritt vor allen Gesandten gekrönter Monarchen, und das bestritt auf das heftigste der französische Botschafter Graf de Brassac. Der spanische widersetzte sich nicht; er schob den Franzosen vor, um Urban gegen ihn aufzubringen. So klein und kläglich sind die Künste der Diplomaten.[2]

Gegen das Ende des Januar 1632 war ein außer-

[1] De Prefecto Vrbis. Siehe über diese Arbeit den trefflichen Artikel von G. B. Beltrani, Felice Contelori e i suoi studj negli Archivi del Vaticano, abgedr. im Archivio della Società Romana di Storia Patria Vol. I. u. II.

[2] Cela donnait espérance aux ministres d'Espagne que plus facilement ils porteraient Sa Sainteté à entrer en ligue avec eux. Mém. de Rich. VII. 22 ff. Bei Nicoletti findet man übrigens, was die Memoiren Richelieu's nicht sagen, wie heftig und langwierig der Widerspruch Spaniens und des Kaisers in diesem albernen Rangstreit um die Präfectur gewesen ist. Auch das Staatsarchiv in München bewahrt ein Heft Schriften in dieser Angelegenheit, für welche der Papst ganz besonders die Verwendung des Kurfürsten Maximilian in Anspruch nahm.

ordentlicher Kurier aus Spanien an den Cardinal Borgia angelangt mit königlichen Briefen, welche ihn zu einem kräftigeren Vorgehen ermächtigten. Der Botschafter machte neue Vorstellungen beim Papst: er verlangte Subsidien für den Kaiser, für den König von Spanien die halbe Annate aller geistlichen Renten im Königreich, endlich die Bildung einer katholischen Liga unter päpstlicher Autorität. Die erste Forderung lehnte Urban ganz ab, die zweite bewilligte er; von der dritten wollte er nichts hören. [1]

Der Papst gab in so weit nach, daß er dem Könige von Spanien gestattete, in Jahresfrist 600000 Scudi von geistlichen Gütern zu erheben, und diese Rente wollte er im Falle des Bedürfnisses auf zwei Jahre ausdehnen. Aber der Betrag genügte dem spanischen Botschafter nicht; auch war er unwillig, daß jene geistlichen Zehnten durch die Hände des Nuntius in Madrid (Cesare Monti) gehen sollten; denn dieser sei mit Olivarez gespannt; der König empfange ihn nicht mehr, und habe seine Abberufung verlangt. [2]

Die Verhältnisse spannten sich so sehr, daß ein förmlicher Bruch Spaniens und vielleicht auch des Kaisers mit dem Papst vorauszusehen war.

Am Ende des Februar hatten die beiden Savelli als kaiserliche Botschafter im Vatican Audienz; mit ihnen wollten elf Cardinäle eintreten, die Spanier Borgia, San-

[1] Avvisi v. 7. Febr. 1632 aus Rom im Archiv Modena. Diese Nachrichten sind von einem trefflich unterrichteten modenes. Agenten, Antonio Badelli, geschrieben. Modena besitzt eine der reichhaltigsten Sammlungen von Avvisi überhaupt.

[2] Avvisi v. 14. 21. Februar. — Siehe die päpstliche Bulle wegen der Decima, v. 5. Febr. 1632. Bullar. Roman. XIV.

doval und Albornoz, die Italiener Spinola, Aldobrandini, Pio, Ubaldini, Borghese, Protector der deutschen Nation, Ludovisi, Protector der deutschen Liga, Bentivoglio und Scaglia. Doch der Papst erlaubte das nicht; nur persönlich wollte er jeden einzelnen Cardinal vor sich lassen. Mit rücksichtloser Sprache wies er die Forderungen der kaiserlichen Botschafter zurück. Rom war damals voll von dem Ausdruck seiner Schadenfreude über die Siege des Schwedenkönigs, welchen er mit Alexander dem Großen verglich, und niemals legte er sich bei solchen Reden einen Zwang auf.[1]

Der Papst sagte, der Kaiser habe sein Unglück verdient; das Geld, welches er verbraucht, um Italien zu verwüsten, die armen Katholiken zu mißhandeln, hätte hingereicht, den Gothen bei ihrem ersten Auftreten Halt zu gebieten. Die Mahnungen seiner Legaten seien getäuscht, Deutschland vernachläßigt, die Schweden mißachtet, Italien mit Krieg überzogen, der heilige Stul genötigt worden, seinen Schatz zur Sicherung des Patrimonium der Kirche zu verwenden. Die Reden von gothischer Plünderung seien alte Märchen. Das vergangene Jahrhundert biete Geschichten frischeren Datums dar, von der Verwüstung Italiens, vom Sacco di Roma, von der unwürdigen Behandlung des heiligen Stuls. Die Wut der Schweden sei nicht gegen die Altäre gerichtet; die von ihnen bezwungenen Völker behielten die Freiheit ihres Glaubens, die Priester ihre Benefizien, die Klöster ihre Be-

---

[1] Liberrimi Romae in laudes Sueci sermones et scripta; tripudiebatur ad prosperos successus Sueci, ad Caesaris videbatur indictum justitium. Nec passionem hanc Pontifex premere aut simulare potuit vel voluit. Ameyden, Mscr.

sitzungen; sie alle hätten sich minder zu beklagen, als die
Katholiken im Krieg um Mantua.

Der Papst sagte unumwunden: es handle sich nicht um
einen Religionskrieg; Gustav Adolf bekriege nur die zu große
Macht Oesterreichs.[1] Wie oft habe er den Kaiser warnen
lassen, seine Waffen in Deutschland nicht zu schwächen, um in
Italien ein so schweres Unrecht gegen den Herzog von Mantua
zu begehen, aber er habe den Spaniern gehorcht; jetzt möge
er sich auch von den Spaniern helfen lassen. Mehr als vier
Millionen Gold habe er aufgewendet, um sich gegen des
Kaisers Soldatesca zu schützen, und jetzt verlange dieser von
ihm die Schätze des Kirchenstaats! Mainz habe die Rede
erfunden, daß Gustav Adolf die Religion unterdrücke. Wür=
den ihn wol katholische Mächte unterstützen, wenn das der
Fall sei?[2]

In tiefer Bestürzung verließen die kaiserlichen Bot=
schafter den Vatican. In einem geschlossenen Wagen eilten
sie zum Cardinal Borgia. Die Cardinäle von der spanischen
Partei einigten sich mit den Botschaftern zu geheimen Be=
ratungen, die einer Verschwörung nicht unähnlich sahen.
Man sprach davon, den Papst vor ein Concil zu stellen.
Die Formel eines im nächsten Consistorium im Namen des
Königs von Spanien zu erlassenden Protestes ward fest=
gesetzt. Borgia war dazu von seinem Hof ohne Frage er=

---

[1] In der Fortsetzung des Platina von Tommasucci (Urbano VIII)
werden die Maximen Urban's Spanien und dem Kaiser gegenüber durch=
aus als richtig anerkannt. Es heißt dort, der Papst habe als weltlicher
Fürst nicht anders handeln können; die Katholiken seien nicht in ihrem
Gewissen von den Ketzern beleidigt worden, ma continuavasi la guerra
per solo interesse di stato, non per zelo di religione.

[2] Siri, VII. 481. — Soldat Suédois S. 192.

mächtigt worden, aber es ist nicht gewiß, vielmehr zweifelhaft, ob ihm der Wortlaut vorgeschrieben war. Gesandte handelten damals selbständiger als heute, wo sie die wunderbare Wirkung des Telegrafs meist zu bloßen Sprachrohren ihrer Regierungen gemacht hat. Die Protestformel lautete, wie folgt:

Sobald der Durchlauchtigste Katholische König von Spanien von der Verschwörung aller ketzerischen Mächte mit dem Schwedenkönige Kunde erhielt, und die Niederlagen der Katholiken in Deutschland erfuhr, hat er alle seine Gedanken und Sorgen darauf gerichtet, dieser großen Gefahr sofort zu begegnen, denn so trat er in die Spuren seiner Vorfahren, welche, weil sie mehr für die Religion als ihr Königtum gekämpft haben, ihm selbst den ruhmvollen Titel hinterließen. Deshalb hat er seine eigenen Angelegenheiten in Indien, Italien, Belgien und Spanien hintangesetzt, den Kaiser mit großen Geldmitteln unterstützt, und seinen Truppen in Belgien Befehl gegeben, dem Schweden Widerstand zu leisten. Indem er nun die Macht aller seiner Königreiche zu größerer Hülfeleistung rüstete, erwog er zugleich, daß die allerwärts verschworenen Streitkräfte der Ketzer nur durch die vereinte Waffengewalt aller Katholischen können zurückgetrieben werden. Deshalb hat er sich an Ew. Heiligkeit als den allgemeinen Vater gewendet und so dringend wie demütig gebeten, daß dieselbe nicht nur selbst reichliche Geldmittel beitrage, sondern, worauf es hauptsächlich ankommt, alle katholischen Fürsten und Völker auf die Gefahr aufmerksam mache, sie ernstlich ermahnend, die Sache der Religion in der gegenwärtigen Not mit aller Kraft zu verteidigen, und daß Ew. Heiligkeit durch apostolischen Eifer nunmehr sich selbst als einen solchen Papst erweise, wie deren heiligste und rühmlichste Vorgänger sich erwiesen haben. Denn diese erhoben ihre apostolische Stimme wie eine Posaune, indem sie die gesammte Christenheit zu glorreichen Bündnissen aufriefen, um den Glauben zu schützen und auch zu verbreiten. Daß sich Ew. Heiligkeit aus höchster Weisheit und Frömmigkeit zu so herrlichem Thun erbieten werde, hat Se. Majestät zu hoffen das Recht gehabt. Aber da die Uebel täglich wachsen und Ew. Heiligkeit noch zaudert, so hat Se. Majestät mir **anbefohlen**, dies, was von den ehrwürdigen Herren, den spanischen Cardinälen und von mir Ew. Heiligkeit **öfters** privatim wiederholt worden ist, auch in dieser erlauchten Versammlung in seinem Namen auszusprechen, damit so viele der ehrwürdigen Väter hier anwesend sind, sie alle vor Gott und den Menschen Zeugen seien, daß Se. Majestät weder mit seinem Eifer, noch seiner Autorität und That der Sache Gottes und des Glaubens sich entzogen hat. Zu gleicher Zeit hat er mir anbefohlen, mit aller gebührenden Demut und Ehrfurcht dahin zu protestiren, daß jede Schädigung, welche etwa die katholische Religion erleiden sollte, nicht ihm selbst, dem frömmsten und gehorsamsten Könige, sondern Ew. Heiligkeit müsse zugeschrieben werden.[1]

---

[1] Siehe Anhang n. VII. Der lateinische Text der Protestformel ist sehr selten abgedruckt zu finden. Nicoletti behauptet, daß Borgia keinen Auftrag dazu vom König Philipp gehabt habe, perchè tal ordine, non fu veduto mai, nè creduto per la molta pietà del Re Catt^{co}. Doch das ist sicherlich falsch. Nicoletti berichtet, daß Borgia bereits am 27. Febr. dem Papst ein Schriftstück von mehren Bogen einhändigte, worin die Not der kathol. Kirche und die Pflicht des Papstes aus seiner Passivität herauszutreten, entwickelt war.

IX.

Das Consistorium fand am Montag den 8. März statt. Der Cardinal Borgia schlug zuerst einige vacante Kirchen in Spanien vor, dann begann er ohne weiteres seinen Protest aus dem Schriftstück abzulesen. Der Papst hörte ihn erst ruhig an, als aber der Cardinal zu dem Satze kam: „und noch immer zaudert Ew. Heiligkeit," rief ihm Urban aufbrausend zu, daß er schweigen solle; wenn er als Botschafter des katholischen Königs reden wolle, so möge er eine besondere Audienz verlangen, die er ihm nicht verweigern werde; wenn als Cardinal, so bedürfe er, der Papst, seines Rates nicht, oder nur sobald er ihn darum befrage.

Borgia entgegnete, er spreche hier im Auftrag seines Königs als dessen Botschafter. Der Papst erklärte, daß er als solcher hier keinen Sitz habe, worauf jener erwiderte: er habe, um den Auftrag des Königs auszuführen, Audienz verlangt, und diese sei ihm verweigert worden. Als er nun mit dem Proteste fortfahren wollte, rief der Papst, schweige oder gehe hinaus. Der Cardinal sprach weiter. Da erhob sich der Capuzinercardinal Barberini, ging auf Borgia zu und faßte ihn heftig am Arm, wie um ihn hinauszuziehen. Auf dies entstand eine große Bewegung unter den Versammelten. Colonna, obwol zur kaiserlichen Partei gehörig, aber wegen der neuen Familienverbindung mit den Barberini dem Papst ergeben, rief entrüstet Borgia zu, daß dies nicht die geeignete Art sei, die Befehle Sr. Majestät auszurichten.[1]

---

[1] Don Taddeo Barberini hatte sich im J. 1626 vermält mit Anna Prinzessin von Palestrina, einer Tochter des Filippo I. Colonna.

Heftig entgegnete ihm der Botschafter, daß er ihn nicht um seine Meinung befragt habe, daß es hier nur einen Herrn, den Papst gebe. Andere Cardinäle redeten dazwischen in lateinischer, spanischer, italienischer Sprache. Albornoz sagte mit Ironie: Eure Eminenzen mögen sich nicht verwundern, denn der Capuzinercardinal ist ein glühender Verteidiger des katholischen Glaubens. Man sprach heftig durcheinander. Der Cardinal Antonio Barberini erblaßte aber schwieg; der Cardinal Pio zerbrach in Aufregung seine Augengläser; Sandoval zerriß sein Käppchen, am ganzen Leibe vor Wut zitternd.

Mehrmals rief der Papst ad loca! Er suchte nach der Glocke. Der Cardinal Colonna brachte sie ihm. Auf sein Klingeln traten die Custoden des Consistorium ein, und der Tumult legte sich allmälig. Borgia sagte jetzt: da Ew. Heiligkeit mir nicht zu reden gestattet, so geruhen Dieselbe das, was ich zu sagen hatte, schriftlich in Empfang zu nehmen. Er zog das Schriftstück hervor, und in einem Augenblick der Ueberraschung that der Papst, was er nimmer hätte thun sollen, er nahm den Protest aus den Händen Borgia's; wir lieben unsern geliebten Sohn, den katholischen König, so sagte er, und haben das bewiesen.[1]

Am Schluß des Consistorium übergab Borgia Abschriften seines Protests auch den drei Cardinaldecanen. Man trennte sich in Aufregung. Die spanischen Cardinäle waren über Colonna erbittert, der sie im Stich gelassen hatte; man bemerkte mit Unwillen, daß kein einziger Italiener seine Stimme

---

[1] Siehe im Anhang n. VIII. IX. X. XI. XII. einige Documente den spanischen Protest betreffend.

zu Gunsten des Königs von Spanien erhoben hatte, woraus man erkenne, daß die an solche Cardinäle gezahlten spanischen Pensionen nutzlos weggeworfen seien.

Kuriere gingen von Rom nach Madrid ab, von Seiten Borgia's und des Papsts: in einem Brief an den König beklagte er sich über die Anmaßung seines Botschafters.

Ruhiger Denkende konnten indeß das Verfahren des Papsts in dieser Sache nicht gut heißen. Er hätte sich einen Auftritt ersparen können, wodurch der König von Spanien in der Person seines Botschafters beleidigt worden war, während er selbst eingestanden hatte, eine Beschimpfung erfahren zu haben. Man erinnerte an das tactvolle Benehmen Gregors XIII. bei einem ähnlichen Vorgange; als dieser im Begriffe war, die Gesandten des neuen Königs von Polen zu empfangen, nahm sich der französische Botschafter heraus, im Namen Heinrichs III. als des wahren Königs jenes Landes, auf das heftigste zu protestiren und sogar mit einer Appellation an das Concil zu drohen. Das habe Gregor XIII. ruhig angehört und nichts darauf erwidert, als das eine Wort audivimus; er habe sodann jenen polnischen Gesandten Audienz gegeben und sich um Proteste und Worte nicht weiter gekümmert.[1]

Urban war in seinem Selbstgefühl tief verletzt. Er hatte immer ein mehr als fürstliches Bewußtsein von seiner persönlichen Hoheit und Klugheit.[2] Nun war er so außer sich, daß er behauptete, seit Petrus bis zu dieser Stunde sei

---

[1] Avvisi di Roma 20. März 1632.
[2] Vir non mediocris ingenii, sed nimium sibi fidens, ut qui existimaret, se unum, in toto orbe prudentem esse — Ameyden, Mscr.

nichts ähnliches geschehen; denn immer seien Proteste zuvor den Päpsten vorgelegt worden. Aber hatte nicht einst, am 22. März 1590, Olivarez als spanischer Gesandter im Namen seines Königs den berühmten Protest gegen Sixtus V. gewagt, der noch in aller Andenken war?

Der Cardinalnepot suchte die Verbreitung des Schriftstückes Borgia's zu hindern, doch der ganze Hof war voll von Copien, selbst die Handwerker im Vatican besaßen sie. Man schickte Spione umher, die Personen auszukundschaften, welche solche Abschriften hatten; man öffnete die Briefe auf der päpstlichen Post. Der mantuanische Agent schickte seinem Herrn eine Copie mit der dringenden Bitte, sie Niemand sehen zu lassen, vielmehr sie zu vernichten, damit nicht dem Herzog und dem Absender selbst etwas unangenehmes widerfahre.[1]

Im Vatican wurde die Wache verdoppelt, die Engelsburg früher als gewöhnlich geschlossen. Man argwöhnte eine kriegerische Bewegung von Neapel her, wo Borgia selbst vor Jahren Vicekönig gewesen war, und dieses Amt jetzt der Graf Monte Rey inne hatte, dessen Nachfolger auf dem Botschafterposten eben jener Cardinal war.[2] Man fürchtete, daß Spanien weiter gehen, daß man das Leben des Papsts durch Aergernisse, vielleicht gar durch Gift verkürzen wolle,

---

[1] Depesche des Carlo Castello v. 16. März 1632 (Archiv Mantua). In der That findet sich dort keine Copie vor, wol aber eine im Archiv Este.

[2] Monte Rey war im Frühling 1629 zum Botschafter in Rom ernannt worden; am 10. Febr. 1629 schrieb Urban VIII. an den König von Spanien, daß ihm jener als Botschafter angenehm sein werde. Lettere del Card. Francesco Barberini a Principi e Titolati (1627—1633). Bibl. Barberini.

vor allem, daß eine neue Drohung mit einem Concil bevorstehe.

Der Zorn Urbans gegen den spanischen Cardinal war um so heftiger, je unmächtiger er blieb. Noch am 8. März erließ er einen Gegenprotest oder eine Erklärung wider das Attentat Borgia's und seiner Mitschuldigen.[1] Er sagte darin, daß er die Vollstreckung der canonischen Strafen, in welche der Cardinal und seine Genossen verfallen seien, nur aus Rücksicht gegen den König von Spanien verschiebe. Er sah Borgia als Majestätsverbrecher an, am liebsten hätte er ihn vor das Inquisitionstribunal gestellt.[2]

Nur die Furcht vor Spanien hielt ihn von Excessen ab. Er stellte sich zu glauben, daß der Protest einzig das Werk einiger gegen ihn verschworener Cardinäle, nicht ein Act der spanischen Regierung selber sei. Aber Borgia erklärte mit Entschiedenheit, daß er diesen Protest aus Spanien erhalten und mit Zuziehung der spanischen Cardinäle sogar gemildert habe.

X.

Da der Charakter als Botschafter Borgia schützte, konnte Urban seinen Zorn nur gegen einige andere Cardinäle auslassen. Als Mitschuldige galten ihm vorzugsweise Roberto Ubaldini und der Vicecanzler der Kirche Ludovico Ludovisi, von welchem ganz besonders gesagt wurde, daß er mit dem Hof in Spanien wegen eines Concils in geheimer Verhandlung

---

[1] Bullar. Roman. XIV. unter jenem Datum.
[2] Siehe im Bullar. Roman. den zweiten Erlaß vom 11. März.

stehe.¹ Am 18. März ließ er Cechini, den Hausprälaten Ludovisi's, zu sich rufen. Er befahl ihm, seinem Principal zu sagen, daß er binnen zehn Tagen in sein Erzbistum Bologna, wo er schon seit eben so viel Jahren nicht residirt habe, abreisen solle, wo nicht, würde er ihm Sbirren ins Haus schicken. Er erging sich dabei in den heftigsten Schimpfreden über Borgia. Cechini bemerkte, daß der Cardinal Ludovisi nur vor wenig Monaten, und zwar nach dreijährigem Aufenthalt, aus Bologna nach Rom gekommen sei, daß er noch vor Ostern freiwillig auf seinen Bischofssitz zurückzukehren gedenke, um so mehr, als es der Papst so haben wolle.

Der Prälat richtete seinen Auftrag an Ludovisi aus, und dieser gab das ihm Mitgeteilte den spanischen Cardinälen zu wissen. Man hielt Beratungen. Borgia forderte den Cardinal auf, dem Papst zu trotzen, nicht abzureisen, denn der König von Spanien werde ihn in Rom schützen; er erbot sich zum Zeichen des Bruchs mit dem Papst dem Nuntius in Neapel die Pässe geben zu lassen. Doch Ludovisi lehnte alles ab.

Am 24. März rief der Papst Cechini nochmals, erbittert über die Mitteilungen, die dieser den Spaniern sollte gemacht haben. Der Prälat traf ihn im Bette. Bei ihm waren die Cardinäle Antonio und Francesco Barberini und der Stadtpräfect Taddeo. Es traten ein der Staatssecretär Azzolini, der Seneschal Guizzolino, der geheime Kämmerer Gizzi, denen der Papst sagte, daß sie Zeugen sein sollten dessen, was geschehen werde. Nun befahl er Cechini den Inhalt seiner ersten

---

¹ Relaz. della Corte di Roma, des Aloise Contarini vol. I. 379.

Audienz wortgetreu wieder zu geben, bei Strafe der Tortur. Als dies gethan war, mußte er die ganze Unterredung niederschreiben. Der Papst befahl ihm, das Protocoll zu Ludovisi zu bringen und von ihm unterzeichnen zu lassen. Dann nahm er seinen Befehl wieder zurück. Er war bis zur Krankhaftigkeit aufgeregt. Dieser Mann von bedeutender Körperkraft und felsenfester Gesundheit des Leibes und der Seele ertappte sich damals auf einer ihn beschämenden Schwäche.[1]

Seine Nepoten beschwichtigten: sie hinderten weitere Ausbrüche. Aber der Cardinal Ludovisi war ganz mutlos geworden: er verließ Rom am 27. März. Acht Monate später, am 18. November 1632, starb er in Bologna, aus Kummer und Gram. Seinen Tod, so sagt Cechini, verschuldeten die Aergernisse, die er von demjenigen erfahren hatte, der ihm so viel verdankte. (Urban verdankte seiner Stimme im Conclave zum Teil die Papstwahl.)

So endete der berühmte, ehemals allmächtige Nepot Gregors XV. im Alter von nur siebenunddreißig Jahren. Er war ein Mann, von dem man sagte, daß er so viele Laster als Tugenden besaß: geistreich und unermüdlich thätig, stolz und geldgierig, glänzend und freigebig aus Ruhmsucht.[2] Seine unermeßlichen Reichtümer hatte er auf königliche Art zu verwenden gewußt.[3] Es ist derselbe Ludovisi, welcher die

---

[1] Diese Auftritte sind umständlich erzählt in Relazione della vita del Card. Cechini composta da lui medesimo. Mscr. in der Barberiniana. Cechini wurde a. 1645 Cardinal.

[2] So urteilte Ameyden, der ihn fast als Heuchler darstellt. Storia Summor. Pontif. et Card. Mscr.

[3] Reichtümer des Crösus in kaum mehr als zwei Jahren des Pontificats Gregor's XV. aufgehäuft; so sagt Renier Zeno, Relazione della Corte di Roma, I. 160.

prächtige Kirche in Rom zu Ehren des von seinem Oheim canonisirten Stifters des Ordens Jesu gegründet hat; durch sein Testament sicherte er ihre Vollendung. Dort liegt er zu Füßen des Mausoleums Gregors XV. in einer Porphyrurne bestattet. Es ist auch derselbe Ludovisi, welchem die Stadt Rom die herrliche Villa mit ihren weltberühmten Kunstschätzen zu verdanken hat.[1]

Gegen Ubaldini war Urban nicht minder aufgebracht. Nach seiner Ansicht war es dieser Cardinal ganz besonders, welcher Borgia zum Protest ermuntert hatte. Da ein so unterrichteter Mann wie Ameyden dieselbe Meinung aussprach, so muß sie wol einigen Grund gehabt haben. Roberto Ubaldini war Nepot Leo's XI.; diesem flüchtig vorübergegangenen Papst hat er jenes schöne Denkmal im S. Peter von Algardi errichten lassen, worauf unter Blumen das sinnreiche Wort steht: Sic Florui. Er war Gegner Urbans im Conclave gewesen, ganz spanisch gesinnt. Dessen Haß hatte er schon lange auf sich geladen, weil er, ein Mann von altem florentinischem Adel, bestritt, daß die Barberini zu den vornehmen Geschlechtern jener Stadt zu rechnen seien, und derselben Ansicht war auch der Cardinal Capponi.[2]

Der Papst nun wollte Ubaldini ohne weiteres in die Engelsburg sperren lassen, aber der mutige Fiscal weigerte sich, eine ungesetzliche Handlung zu vollziehen. Die Barberini beschwichtigten wieder. Bei den Predigten, wo Papst und

---

[1] Durch den Tod Ludovisi's war das Protectorat der deutschen Liga erledigt. Der Kurfürst Maximilian übertrug diese Ehrenstelle am 6. April 1633 dem Cardinal Francesco Barberini, der sich darum bemüht hatte. Staatsarchiv München, Crivelli Corr. di Roma 1633.

[2] Ameyden im Artikel über Ubaldini. Die Barberini trugen ihren Namen von einem kleinen Ort in der Valdelsa.

Cardinäle anwesend waren, hörte man von der Kanzel nichts als Verwünschungen des Protestacts. Einmal ging der Prediger ganz frei heraus: er sagte schreckliche Dinge über die bösen Räte, die am Sturz ihres Fürsten arbeiten; er zeigte, daß ihre Ränke nicht verborgen bleiben können, daß, wenn andre Zeugen mangeln, Tische, Tapeten und Betten die Verräter kund geben müßten, und er deutete dabei immer auf Ubaldini hin, zum Staunen aller Anwesenden. [1]

Die Drohung hatte diesen Cardinal so sehr erschreckt, daß man sagt, er habe die Engelsburg nie mehr ohne Zittern erblicken können. Er zog sich auf sein Landhaus in Frascati zurück, wo er fortan die meiste Zeit seines Lebens zubrachte. Er starb mit vierundfünfzig Jahren, am 22. April 1635. [2]

Die antihabsburgische Stimmung im Vatican wurde indeß auch auf dem Capitol unterstützt. Hier fand im April eine Versammlung der römischen Bürgerschaft statt, den Papst zu bitten, den Forderungen Spaniens nicht zu willfahren, und nicht das Blut Roms denen preis zu geben, die in Italien einfielen, um die Stadt zu plündern. Die grausamen Oesterreicher und die schelmischen Spanier würden ihre Absicht schon erreicht haben, wenn Gott nicht aus seiner Barmherzigkeit vom äußersten Norden her den Schwedenkönig nach Deutschland gerufen hätte. Ihm verdanke das christliche Rom nicht weniger, als das heidnische dem Camillus. [3]

Man trug den Conservatoren auf, acht edle Römer zu wählen, welche mit ihnen im Namen des römischen Volks

---

[1] Avvisi di Roma, 10. April.
[2] Vir plane magnus et ecclesiasticus. Ameyden.
[3] Bericht aus Rom v. 10. April 1632, bei Söltl Religionskrieg in Deutschl. III. 297.

sich zum Papst begeben sollten.¹ Diese Herren stellten ihm hierauf vor, daß die von ihm verlangte Gewährung von Geldbeiträgen zu Gunsten Deutschlands aus dem Schatz der Engelsburg die Stadt Rom in Gefahr bringen werde, sich der Mittel für ihre eigene Verteidigung beraubt zu sehen.

Urban unterhielt sich lange Zeit mit diesen römischen Abgeordneten bei verschlossenen Thüren. Er habe, so sagte er ihnen, mehr als vier Millionen zur Ausrüstung von Soldaten, für die Befestigung des Forte Urbano und der Engelsburg ausgegeben, und für 600,000 Scudi Waffen angeschafft, „damit sich Rom nicht verteidigungslos finde wie in den Zeiten der Plünderungen, die es erlitten hat." Um solchen vorzubeugen, möchten auch die Römer selbst an die Aufbringung von Geldmitteln für unvorhergesehene Bedürfnisse denken.²

Der Widerstand Urbans VIII. gegen Spanien konnte ihn wol einen Augenblick lang populär machen, wie die gleiche Haltung des Herzogs Carl Emanuel von Savoyen diesen eine Zeit lang zum Freiheitshelden Italiens gemacht hatte.

Es erschien nur als Spott und Hohn, wenn er, um doch etwas für die Religion zu thun, ein Jubileum und Kirchengebete anordnete. Als Hohn wenigstens empfand das

---

¹ Die Protocolle der Sitzung des Consilium Decretum vom 19. u. 22. April 1632 sind im Geheim. Archiv des Capitols erhalten (im betreffenden Band Decreti di Consiglio). Am 22. April wurden folgende Edle zum bezeichneten Zweck gewählt: Lorenzo Altieri, Gerolamo Cenci, Alessandro Caetani, Vincenzo Muti, Agostino Maffei, Giacomo Avila, Orazio Specchi, Teodoro Boccapaduli. Siehe Anhang n. XIII.

² Perche Roma non si trovasse sprovista come nei tempi de sacchi ricevuti. Depesche des toscan. Residenten Francesco Nicolini v. 24. April 1632. Staatsarchiv Florenz.

der Kaiser; denn am 7. Mai schrieb er an Pazman, der Papst möge durch Thaten, nicht nur durch Wünsche und rituale Gebete der katholischen Christenheit beweisen, daß er ihr Vater sei.¹ Nichts hatte er bisher von ihm erreicht, als das Versprechen, ihn mit Panzern aus seinem Arsenal für die Reiterei zu unterstützen. Das wenigstens war seinem außerordentlichen Botschafter zugesagt worden. Der Herzog Savelli erwartete noch die Ankunft Pazmans und kehrte dann in der Mitte des April nach Wien zurück, wo er die bittersten Bemerkungen über den Papst machte.

XI.

Der Primas von Ungarn befand sich in Rom seit dem 28. März. Noch ehe er die Stadt betrat, war ihm ein Bote des Cardinals Barberini entgegen gekommen, ihm zu sagen, daß er in keiner Weise als kaiserlicher Legat aufzutreten habe. Ich merkte, so berichtete er dem Kaiser, daß man fürchtete, der Cardinal Borgia möchte im Namen des Königs von Spanien mich aufsuchen, und ich dann als Vertreter der kaiserlichen Majestät eine freie Sprache führen.²

Man empfing Pazman in Rom überaus ehrenvoll. Mit vielen Karossen holten ihn die Familien der Cardinäle und der Adel vor der Porta del Popolo ein. Mit ungarischem Pomp hielt er seinen Einzug in die Stadt. Am 3. April nahm er den roten Hut (zum Cardinal war er schon im Jahre 1629 ernannt worden).

---

[1] Ep. Petri Pazmany II. 97.
[2] Card. Pazm. super suscepta ad R. Pont. Urban VIII. jussu Ferd. II. Imp.is et Regis Legatione s. d. a. 1632, Epist. Pazm. vol. II.

Am 6. April hatte er die erste Audienz. Weniger aus Rücksicht auf seine Bulle vom 10. Juli 1630, wodurch Urban VIII. den Cardinälen den Titel Eminenz und den nächsten Rang nach gekrönten Fürsten erteilt hatte, als aus Wut über Borgia, welchen er als Botschafter nicht mehr wollte gelten lassen, erklärte der Papst, als ihm Pazman die kaiserlichen Creditive überreichte, er werde diese nicht annehmen, wenn er, der kaiserliche Bote, darin als Legat bezeichnet sei. Der Charakter eines Botschafters stehe unter der Würde des Cardinals, der den Königen gleich sei. Unwissend seien diejenigen gewesen, welche Cardinälen solche Legatenstellung erlaubt hätten. Unwissend also nannte er den Kaiser, den König von Spanien, so viele Päpste und Könige überhaupt. Aus dem schriftlichen Summar der Aufträge Pazmans strich er selbst das Wort Legatio mit der Feder aus. Allen Cardinälen befahl er, den Boten des Kaisers nicht als Gesandten zu behandeln.

Der Primas benahm sich in dieser Verlegenheit mit gutem Tact; er sagte, es sei ihm gleichgültig, welchen Titel man ihm geben wolle, wenn er nur seine Aufträge ausrichte; aber er protestirte in einer Schrift an das heilige Collegium, wie in einer Rede vor dem Papst selbst. Er errang sich allgemeine Achtung in Rom; er war ein gelehrter und kluger Mann.[1] Der classisch gebildete Papst hatte Wolgefallen an der Fertigkeit, mit welcher der Primas von Ungarn die

---

[1] Questo è un Prelato litteratissimo e di petto e spirito non ordinario. Fulvio Testi an den Herzog von Modena, Wien 8. Mai 1632. Archiv Modena. — In einem Bericht vom 3. April aus Rom wird er hoch gerühmt und gegen die unwissenden spanischen Cardinäle, „wahre Büffel", hervorgehoben. Bei Söltl III. 292.

lateinische Sprache redete, doch seine Anträge und Forderungen lehnte er ab.

Schon die erste Audienz fiel so aus, daß Pazman am 10. April dem Kaiser schrieb, sein ferneres Verbleiben in Rom sei ganz nutzlos. Als er sich über die Ursachen des schwedisch-deutschen Krieges ausließ und sagte, daß ihn Sachsen erregt habe wegen desselben Restitutionsedicts, welches Se. Heiligkeit gut geheißen habe, brauste der Papst auf und behauptete mit einer wahrhaft heroischen Unwahrheit: er habe dies Edict niemals gebilligt; im Consistorium habe er sich darüber so zweideutig ausgesprochen, daß er wol gezeigt, wie es ihm mißfalle; auch von den wiedererlangten geistlichen Gütern sei nichts den wahren Eigentümern zurückgegeben worden, sondern die Fürsten hätten alles für sich selbst behalten, und vielleicht werde das jetzt von Gott gestraft.

Sodann kam Urban in den heftigsten Ausdrücken auf den spanischen Protest zu sprechen, und dies gab Pazman Gelegenheit, ihm in der feinsten Weise sein Sündenregister vorzuhalten. Jene Stelle im Protest — und diesen bezeichnete er durchaus als auf Befehl des Königs von Spanien erlassen — wo die Schuld am Untergange der Religion in Deutschland dem Papst aufgebürdet wurde, wollte er diesem ruhig erklären. Das sei so zu verstehen: der Papst habe durch seine den abgeschlossenen Bündnissen bewiesene Gunst den Vertrag zwischen Frankreich und Schweden veranlaßt. Als die Franzosen im Jahre 1625 mit dem Herzog von Savoyen gegen Genua vorrückten, seien Bundesartikel aufgefangen worden, in denen es sich um die Wiedererlangung des Königreichs beider Sicilien handelte. Man kenne Briefe des Cardinals Bagni, des Nuntius in Paris, aus dem Jahre 1628, als es galt ein Bündniß zwischen Frankreich und Baiern zu Stande zu bringen, woraus hervorgehe, daß der Papst die Uebertragung des Kaisertums an Baiern begünstige. Dies und anderes habe die öffentliche, von den Ketzern mit lautem Jubel verbreitete Meinung erzeugt, daß Se. Heiligkeit seit lange die Erniedrigung des Hauses Oesterreich wünsche.

Der Papst unterbrach: es seien Schmähschriften; Bagni läugne, daß er je so etwas geschrieben habe; that er es, so sei das nicht in seinem Sinn; denn er selbst habe seinem Nuntius zu Regensburg befohlen, die römische Königswahl Ferdinands III. zu betreiben.

Pazman entwickelte hierauf die Folgen des Protests und der dem mächtigen König von Spanien widerfahrenen Beleidigung. Wenn der Papst dieses Zerwürfniß, für dessen Beilegung sich der Kaiser als Vermittler anbiete, nicht zeitig genug schlichte, so könnte ihm daraus viel Schwieriges entstehen. Philipp IV. würde der spanischen Kirche leicht eine Verfassung geben, wie sie die gallicanische besitze; er würde die Einkünfte der Datarie verweigern; Theologen, nach dem Beispiel Venedigs, Universitäten und Nationalsynoden würden ihm zustimmen.

Auf dies setzte der Papst dasjenige entgegen, was auch er dem Könige von Spanien zu entziehn vermöge.

In einer geheimen Privataudienz sprach sich Pazman noch offener, und nur als Cardinal aus, namentlich über jene von ihm selbst abschriftlich gesehenen Briefe Bagni's, über die Artikel der Conföderation zwischen Frankreich und Savoyen, wonach bei einer Teilung der Besitzungen Spaniens Neapel dem heiligen Stul zufallen solle. Der Papst rüste eifrig und mit großen Kosten seine Festungen; das deute doch auf eine bevorstehende Kriegsunternehmung. Man trage Reden aus dem innersten Vatican umher; man merke jeden Ausdruck der Zuneigung zu Frankreich und Savoyen, jedes Wort und jede Miene des Mißbehagens und der Freude, wenn es Oestreich gut oder schlimm erginge. Der Papst möge solchem Verdacht begegnen, sich mit Spanien wieder aussöhnen; und das könne nur durch die Annahme der ihm vorgeschlagenen Liga geschehen.

Urban brach, verwirrt und ärgerlich, die Unterredung ab, und legte dem Cardinal tiefstes Stillschweigen über dies Gespräch auf. [1]

XII.

Auf den Bericht von der ersten Audienz seines Abgesandten erließ der Kaiser am 28. April an Pazman ein heftig aufgeregtes Schreiben. Es fehlten ihm Worte des Erstaunens über die dreiste Behauptung des Papsts, daß er das Restitutionsedict nicht gebilligt habe; er schickte seinem Bevollmächtigten Abschriften der päpstlichen Breven und der Schreiben des Cardinals Barberini, welche bewiesen, daß Urban VIII. jenes Edict nicht nur gebilligt, sondern zum Himmel erhoben, und daß er auch mit der Bestimmung der geistlichen Güter sich einverstanden erklärt habe. Er nannte die Weigerung des Papsts, den Cardinal Pazmann als Legaten zu behandeln, eine unerhörte Neuerung. [2] Er

---

[1] Ep. Pazm. II. 149.
[2] Odiosa planeque intempestiva praetensio. Ep. Pazm. II. CLXI. p. 88 ff.

solle demselben vorstellen, welche Gefahr Rom und Italien bedrohe, jetzt wo der Schwedenkönig Augsburg eingenommen habe und wegen der Oeffnung der graubündtner Pässe mit Richelieu unterhandle. Wolle Se. Heiligkeit auch jetzt nicht Gehör geben, so solle Pazman einen Protest zurücklassen und sofort abreisen.

An demselben Tage schrieb der Kaiser auch an den Papst; er beklagte sich, daß er den Primas von Ungarn nicht als seinen außerordentlichen Gesandten anerkennen wolle, obwol er diese ihm zuvor durch seinen ordentlichen Botschafter angekündigte Sendung durchaus gebilligt habe. Er habe Pazman befohlen, seine Aufträge als Legat weiter auszurichten, und als solchen möge ihn der Papst behandeln.

Unermüdlich war der kaiserliche Bote in Rom; er stellte der Curie vor, welches Aergerniß entstehen würde, wenn der Papst den Kaiser verlasse; er bestürmte Urban, dessen Forderungen zu bewilligen. Doch der Papst weigerte sich nach wie vor: seine Kassen seien, so sagte er keineswegs ohne Grund, durch die Angelegenheiten der Valtellina und Mantua's erschöpft; was an Geld noch in der Engelsburg vorhanden, sei für das Patrimonium Petri bestimmt.[1] In die Liga könne er nicht eintreten, denn er dürfe sich nicht mit katholischen Fürsten in Krieg verwickeln; mit den Dingen in Deutschland habe er nichts zu thun, nur die Verteidigung Italiens gehe ihn an; in den Artikeln der vorgeschlagenen

---

[1] Man nahm an, daß sich in der Engelsburg von den 5 Mill., die Sixtus V. dort niedergelegt hatte, noch 3 befanden. Rel. di Pietro Contarini (1623—1627). I. 202. Derselbe Botschafter berechnete die Einkünfte des Kirchenstaats auf 2 Mill. 200,000 Scudi, einbegriffen die Dataria, welche 20,000 Scudi monatlich abwarf.

Liga sei auch von Pinerolo und den rhätischen Pässen die Rede; wenn Frankreich wider den augsburger Frieden jenen Ort besetzt habe, so trage er dessen nicht die Schuld, denn er sei nicht Bürge jenes Friedens; die Graubündtner endlich seien Ketzer, und mit ihnen habe er wegen der Pässe nichts zu thun.

Gustav Adolf war am 24. April in Augsburg eingezogen. Da schrieb der erschreckte Kaiser am 7. Mai bringender als je an Pazman; er betonte den religiösen Charakter des Kriegs, und auch dessen Anfang in Böhmen stellte er jetzt als Religionskrieg dar. Er zeigte den nahen Einbruch des Schwedenkönigs in Italien, „den Sitz und die Burg der katholischen Religion". Nicht die Alpen, nicht irgend welche Pässe und Schanzen, sondern die geringen Ueberreste der Katholischen in Deutschland haben bisher den Ansturm des Feindes von Italien abgehalten. Werden auch diese besiegt und vernichtet sein, so wird keine Gewalt mehr den verschworenen Völkern Deutschlands widerstehen können. Pazman solle dem Papst diese äußerste Bedrängniß vorstellen und von ihm Geldhülfe verlangen.

Gleich nach Empfang des kaiserlichen Schreibens begab sich, am 13. Mai, der Gesandte nach Castel Gandolfo; denn dorthin, in die von ihm erbaute päpstliche Villa, hatte sich Urban zurückgezogen.

„Der Papst fürchtet Gift," so schrieb man damals aus Rom. „Er hat sich nach Castel Gandolfo begeben, wo er wie eingesperrt lebt; wer zu ihm will, wird zuvor untersucht. Wachen durchstreifen die Straßen nach Rom. Er argwöhnt, daß die Kriegsrüstung in Neapel ihm selber gelte, daß die Flotte des Großherzogs von Toscana nach Ostia und Civitavecchia zu segeln bereit sei. Deshalb verstärkt er die Besatzungen."

Damals war der aus dem schwedischen Krieg in Pommern bekannte Torquato Conti als General im Dienst der Kirche. Seine Versicherung, daß die ganze päpstliche Miliz in schlechter Verfassung und unzuverlässig sei, mußte gerade diesen Papst nicht wenig erschrecken, da er so viele Millionen für Waffen und Soldaten ausgegeben hatte.

Es ist hier der Bemerkung wert, daß Urban VIII. in der Zeit seiner freundlichsten Beziehungen zu Maximilian von Baiern, im Anfange des Jahres 1629, diesen Fürsten wiederholt ersucht hatte, ihm einen ausgezeichneten im Heere der Liga dienenden General zu überlassen, um sich dessen als Oberbefehlshaber der päpstlichen Truppen zu bedienen. Der Kurfürst war durch dieses Ansinnen in nicht geringe Verlegenheit geraten, um so mehr, als er zu erkennen glaubte, daß der Papst auf keinen geringeren Mann, als Tilly selber, sich Rechnung machte.[1] Er ließ dem Papst vorstellen, daß es in der Liga an hervorragenden Capitänen mangle, denn der lange Krieg habe unter ihnen stark aufgeräumt, und außerdem ziehe Wallenstein manche in den Dienst des Kaisers hinüber, um durch diesen Kunstgriff das liguistische Heer zu verderben. Er übersandte jedoch dem Papst eine Liste der ansehnlichsten Obersten der katholischen

---

[1] Am 29. März 1629 schreibt der kurfürstliche Rat Aurelio Gigli aus München an Francesco Crivelli: A Sua Altezza et a me è venuto pensiere che con l'adimandare Tenente Generale si pretenda forse il Tilli quale non si puo dire et si vede che lui non serviria per tenente di Don Carlo (Barberini) essendo stato di un Duca di Baviera. Crivelli Corrispondenza di Roma 1629. Ebendaselbst mehrere Correspondenzen über diese Angelegenheit vom Febr., März u. April 1629.

Armee, begleitete aber die darin aufgeführten Personen mit den stärksten Zweifeln, ob sie Dienste beim Papst nehmen würden, oder dazu überhaupt geeignet seien. Er nannte die Grafen Anholt und Pappenheim, den Trentiner Mathias Gallas, den Flamländer Camargo, den Lothringer Florenville, und selbst Collalto, den bekannten kaiserlichen General.[1] Als die für die Armee des Papsts passendste Persönlichkeit bezeichnete er endlich den Herzog Torquato Conti, der als General-Feldmarschall in kaiserlichen Diensten stand, schon aus dem Grunde, weil er Italiener, ja Untertan des Papsts selber sei. Conti trat dann auch später aus des Kaisers Dienst in den des Papsts zurück.[2]

In Castel Gandolfo nun erreichte Pazman nichts. Zwar hatte Urban den Governator von Rom, Monsignor Grimaldi, an den Kaiser nach Wien geschickt, ihn seines Beistands zu versichern, doch der Primas von Ungarn war der Ansicht, daß die Hülfe, welcher dieser außerordentliche Nuntius bringen sollte, nur in einigen Zehnten bestehen werde, von noch geringerem Betrag als 200,000 Scudi; auch sollten die 12,000 Scudi, welche der Papst monatlich zur Hälfte dem Kaiser, zur Hälfte der deutschen Liga zahlte, davon abgezogen werden.[3]

---

[1] Entwurf des Briefs des Kurfürsten an den Card. Barberini, München 29. März 1629. Staatsarchiv München, Card. Barberini, Corrispondenza Romana. S. Anhang n. XIV.

[2] Schon am 30. Juni 1629 schrieb der Card. Francesco Barberini an Wallenstein, der Papst wünsche, daß Conti aus Deutschland in seine Dienste zurückkehre. (Bibl. Barberini.) Der General, verzweifelnd an der Errettung der sich auflösenden kaiserlichen Armee, dankte ab zu Garz in Pommern im Dec. 1630, und an seine Stelle trat Heimbold von Schaumburg.

[3] Pazman an den Kaiser, 16. Mai 1632.

XIII.

Zur selben Zeit bestürmte auch der Kurfürst Maximilian den Papst mit Forderungen, ihn kräftiger zu unterstützen. Die ehedem so innigen Beziehungen dieses Hauptes der deutschen Liga zu Urban VIII. waren kühler geworden, seitdem sich der Kurfürst dem Kaiser wieder angeschlossen hatte. Doch war die Achtung des Papsts vor dem katholischen Sinn und Charakter, vor der politischen Bedeutung und den unermeßlichen Verdiensten Maximilians um die römische Kirche so groß und so festgegründet, daß eine thatsächliche Spannung zu ihm nicht eingetreten ist. Wie würde auch Urban die Freundschaft gerade dieses deutschen Fürsten aufs Spiel gesetzt haben, dessen er sich noch immer bedienen konnte, um das Haus Habsburg zu schwächen.

Die Depeschen des baierischen Agenten in Rom aus jenen Tagen enthalten nicht eine Silbe, welche ein Mißfallen des Papsts an der Handlungsweise Maximilians andeuten könnten. Es war auf den Wunsch des Cardinals Francesco Barberini, mit welchem der Kurfürst fortdauernd einen lebhaften Briefwechsel unterhielt, daß Crivelli zu dem Range eines residirenden Ministers in Rom erhoben wurde.[1] Es geschah in Folge der Vorstellungen desselben Crivelli, daß der Papst am 4. Juni 1632 öffentliche Gebete mit Vergünstigung von Indulgenzen für die Bedrängniß der Katholiken in Deutschland anordnete. Zu dieser Feier bestimmte er jene Kirche S. Maria della Vittoria, welche von dem Sieg

---

[1] Diese Ernennung datirt aus dem Feldlager bei Burglengenfeld, 16. Juni 1632. Crivelli Corrisp. di Roma.

am weißen Berg ihren Namen erhalten, und wo er im Juni 1631 die Eroberung Magdeburgs durch Tilly gefeiert hatte. Er selbst erschien mit allen Cardinälen in Procession und las dort die Messe.

Nur Geldbeiträge konnte der baierische Resident vom Papste kaum erlangen. Als er ihn im Mai 1632 darum anging, erhielt er nur die tröstende Anweisung auf den Himmel, welcher den Kurfürsten beschützen werde; auch behauptete Crivelli, daß die Heftigkeit des Primas von Ungarn alles verdorben habe.[1] Der Papst vertröstete endlich Maximilian auf jenen Nuntius Grimaldi, dem er aufgetragen habe, ihm von Wien aus die Summe von 50,000 Thalern zu überweisen; er entschuldigte die Dürftigkeit der Unterstützung sowol durch die Erschöpfung seiner Kassen, als durch die Habsucht der Spanier, und unter diesen verstand er auch den Hof in Wien. Sie wollen, so erklärte er, alles für sich allein, und sie hören nicht auf in mich zu bringen, daß ich dem Kurfürsten von Baiern jede Hülfe versage.[2]

Maximilian erhielt von seinem Gesandten in Rom nur leere Versicherungen des außerordentlichen Wolwollens, mit dem sich der Papst über ihn ausspreche. Er befand sich neben Wallenstein im Lager vor Nürnberg, als jener Nuntius Grimaldi ihm einen Boten zuschickte. Er meldete das Crivelli nach Rom, ohne zu bemerken, ob dieser Abgesandte jene Geldsumme des Papsts mitgebracht habe oder nicht. In

---

[1] Che ha sconcertato il tutto. Vom Papst schrieb er, della S. A. (del Duca di Baviera) sta con gelosia indicibile e benedicendola molte volte mi disse, ch'io stessi di buon animo, perchè Iddio l'haverebbe prosperata. Crivelli an Gigli, Rom 29. Mai 1632.

[2] Crivelli an Gigli, 31. Juli 1632.

seinem Schreiben sagte er dem Gesandten folgendes: „die Liebe Sr. Heiligkeit und des Cardinals Barberini zu mir, von der Sie mir vorpredigen, habe ich zum Teil durch die Devotion und die Willfährigkeit verdient, mit welcher ich dem Einen und dem Anderen ergeben bin, und davon können Sie bei Gelegenheit Zeugniß geben." [1]

Noch mißgestimmter hatte sich Maximilian kurz zuvor zu demselben Gesandten ausgedrückt, als er ihm wegen der vom Papst verheißenen, aber noch immer nicht verwirklichten Unterstützung diese Worte schrieb: unterdeß danken Sie in meinem Namen Sr. Heiligkeit für den Beweis väterlichen Wolwollens, den er mir durch das Mitgefühl für das Verderben meiner Staaten gibt; denn das ist in der That das untrüglichste Zeugniß der Güte, mit welcher er meine tief ergebene Dienstbarkeit beehrt. [2]

Die Verheerung seines baierischen Landes durch die Schweden gab der Kurfürst dem Verrat von Seiten Frankreichs schuld; er beklagte sich, daß ihn das französische Kabinet dem Schwedenkönige preis gegeben habe, statt diesen,

---

[1] L'affetto che lei predica nella Stà di N. S. et nel Card. Barberino verso di me vien in parte meritato dalla devotione ... Der Kurfürst an Crivelli — Dal Campo sotto Norimberga li 21 d'Agosto 1632. Ich fasse durchaus das Wort predica in seiner deutschen Nebenbedeutung auf.

[2] Der Kurfürst an Crivelli. Dal Campo di Weiden li 2. di Luglio 1632. Die Worte sind: fra tanto renderà da parte mia gratie a S. St.ª per la paterna et benignissima dimostratione, che s'è degnata fare per il sentimento, che hà delli danni di miei stati, che sono veramente testimonii infallibili della benignità, con la quale honora la divota et obligata servitù mia — syntactischer Weise müßte man das Wort testimonii auf die danni selbst beziehen, und darin liegt, meiner Meinung nach, ironische Absicht.

dem eingegangenen Bündniß gemäß, von seinem Gebiet zurückzuhalten, oder, wenn er darin einbrach, ihm selbst, dem Kurfürsten, die vertragsmäßig zugesicherte Hülfe zu leisten. Müssig hatte der französische Gesandte St. Etienne dem Verderben Baierns in München zugesehen; nichts hatten andere französische Gesandte bei Gustav Adolf, nichts seine eigenen Boten bei Richelieu ausgewirkt.

Aber auch gegen den Papst und den Cardinal Barberini war Maximilian verstimmt. Die römische Curie hatte das französisch-baierische Bündniß vermittelt, freilich mit so großer diplomatischer Klugheit, daß sie selbst sich dabei nicht bloßstellte; doch von ihr war immer jene Vermittlung ausgegangen, und Maximilian hielt sie deshalb auch für verantwortlich.

Es gibt ein merkwürdiges Schreiben von ihm, aus dem Lager von Forchheim den 19. October 1632 an den Cardinal-Nepoten abgeschickt, worin er sich auf das heftigste über den Verrat Frankreichs beklagt und folgendes sagt: Ich habe mich nicht durch Leichtsinn und Uebereilung zu diesem Bündniß mit Frankreich bewegen lassen, und ich würde die Angelegenheit noch länger in der Schwebe gelassen haben, wenn nicht der Herr Cardinal Bagni die Mittelsperson gewesen wäre, und wenn er mich nicht so heftig gedrängt hätte jenes Bündniß anzunehmen, indem er mir versicherte nicht allein daß die Absicht der königlichen Minister aufrichtig sei, sondern auch daß er diese Allianz mit Wissen und Beistimmung Sr. Heiligkeit und Ew. Eminenz verhandele, und davon legen die vom Herrn Cardinal an Sie geschriebenen Briefe Zeugniß ab, deren Abschriften zu Brüssel sind. Die Rücksicht darauf war es, welche mich bewog den Versprechungen Frankreichs und der Autorität Sr. Heiligkeit und Eurer Eminenz zu vertrauen, so daß ich von dem Verdruß absah, den das Haus Oesterreich darüber empfand; und von diesem kann ich nun nicht mehr jenes Entgegenkommen noch jene Unterstützung erwarten, welche ich sonst von ihm mir versprechen durfte. Außerdem wird dieses Verfahren zur Folge haben, daß auch andere Fürsten in ihren Verhandlungen mit Frankreich mehr zurückhaltend sein werden, da sie sehen, wie ich in der größten Not im Stich gelassen und gleichsam der Wut und Tyrannei des Schweden preis gegeben bin.[1]

Der Kurfürst erklärte endlich, daß es kein anderes Mittel der Rettung auch der Religion gebe, als wenn der Papst seine ganze Autorität einsetze, um die Kronen Frankreich und Spanien zu versöhnen, von deren Eintracht die Ruhe Europa's abhänge, und um den König Ludwig XIII. zu bewegen, einen wirklichen Frieden in dem unglücklichen Deutschland zu stiften.

Der Cardinal Barberini antwortete dem Kurfürsten mit großer diplomatischer Vorsicht. Er tadelte das Verfahren Frankreichs, wollte aber darin keine mit dem Schwedenkönig verabredete Treulosigkeit zum Verderben Baierns erkennen. Er beteuerte, was auch der Papst dem Kurfürsten zu verstehen gegeben hatte, daß man in Rom von dem Abschluß des französisch-baierischen Vertrags officiell nichts gewußt habe; und er vertröstete ihn endlich mit der Versicherung, daß der Papst bei Frankreich die nötigen Schritte thun werde,

---

[1] S. Anhang n. XV. Es war damals Baiern von neuem durch die Schweden bedroht.

um einen allgemeinen Frieden in Deutschland zu Stande zu bringen. [1]

Lag dieser ersehnte Friede für unser zerfleischtes Vaterland dem Papst wirklich am Herzen? Die Geschichte Deutschlands, zumal des sogenannten heiligen römischen Reichs deutscher Nation, kann hinreichende Antwort auf diese Frage geben. Sie wird darthun, daß die Päpste jedes Unglück, jede innere Zerspaltung Deutschlands stets nur aus dem Gesichtspunkt ihres eigenen Vorteils betrachtet und behandelt haben.

Urban VIII. gab seinem vielbelobten, vielumschmeichelten Freunde, dem Kurfürsten Maximilian, keinerlei Beweise praktischen Mitgefühls mit dem Verderben, welches über sein Land und ihn selbst hereingebrochen war, um seinen Ehrgeiz zu strafen, der ihn angetrieben hatte, seinem Blutsverwandten den Kurfürstenhut und das Land zu entreißen.

Zu der Zeit, als Maximilian die Unterhandlungen mit Schweden wegen der Neutralität abbrach, um sich wieder in die Arme des Kaisers zu werfen, wollte man in Rom sogar wissen, daß der Papst bei der Nachricht vom Einmarsch Gustav Adolfs in Baiern gesagt habe: „das ist ein sehr kluger und notwendiger Entschluß, denn denken, daß der König von Schweden mit Sicherheit Fortschritte machen könne, ohne zuerst den verräterischen Herzog von Baiern zu überwältigen, ist Torheit. Wird der wol aufrichtig parteilos bleiben, der seine Blutsverwandten gemeuchelt hat? Er wird es nie sein." [2]

[1] Der Card. Barberini an den Kurfürsten, Rom 18. Dec. 1632. Staatsarchiv in München, Crivelli Corr. di Roma.

[2] Mitgeteilt aus einem italienischen Schreiben aus Rom, 3. April

XIV.

So bemüheten sich die Gesandten des Kurfürsten von Baiern und des Kaisers zu gleicher Zeit mehr und minder fruchtlos beim Papst.

Das einzige was der Primas von Ungarn endlich doch durchsetzte, war seine Anerkennung als kaiserlicher Gesandter. Dies geschah am 25. Mai in ganz formloser, fast beleidigender Weise, nur durch eine auf Befehl des Papsts ihm schriftlich abgegebene Erklärung des vaticanischen Hausprälaten, und dieser hatte sich dabei nicht einmal mit Namen genannt. Bald darauf reiste Pazman ab, mit dem Erfolg seiner Sendung mehr als unzufrieden. In Wien angekommen, that er dann Meldung von der feindlichen Gesinnung Urbans, den er geradezu als Ketzer und Protestantenfreund bezeichnete.[1]

Ein vom 29. Mai datirter Brief Questenbergs, welcher frohlockend die Einnahme Prags durch Wallenstein meldete, erreichte den Primas von Ungarn nicht mehr in Rom.

Prag war am 5. Mai den Sachsen entrissen worden, und mit diesem Ereigniß begann die schwedisch-protestantische Bewegung nach dem Süden Deutschlands und den österreichischen Erblanden erst Halt zu machen, und dann nordwärts zurückzugehen. Die Kunde zwang den Papst, in der deut-

---

1632; von Söltl, Der Religionskrieg in Deutschland III. 295. Wenn man auch Grund hat, den Wortlaut dieser starken Auslassungen des Papsts, der übrigens seiner Rede freien Lauf zu lassen pflegte, zu bezweifeln: so kann doch das Gespräch nicht ganz und gar erfunden worden sein.

[1] Che egli fosse eretico, amatore dei buoni progressi dei protestanti, come in effetto tal volta non li hebbe discari per la politica dell' equilibrio. Aloise Contarini Rel. della Corte di Roma I. 376.

schen Nationalkirche ein Tedeum singen zu lassen; er beglückwünschte sodann den Herzog von Friedland zu seiner ersten Waffenthat nach der Wiederaufnahme des Oberbefehls mit folgenden überschwenglichen Phrasen:

Du hast, edler Mann, das Schwert gezückt, welches nach dem Blut der Ketzer lechzte, und alsbald hat die niedergestürzte Gottlosigkeit erfahren, daß es der Blitz göttlicher Rache sei. Ein großer Schmuck wird deinem Namen hinzugefügt; den Monumenten der Geschichte überliefert wird er ewigen Ruhmes teilhaftig sein. Rom wünscht dir Glück zur Eroberung Prags, der du kaum erst deine Hände waffnetest, sie im Blut der Sünder zu waschen. Dieser Sieg, der Erstling des neuen Kriegs, ist ein Vorzeichen vollendeten Triumfs. Wir segnen dich, edler Mann, und wir wünschen, daß unter deiner Führung Deutschland von Unheil und Schaden befreit werde. Du wirst unter dem Segen der Kirche triumfiren, und Europa wird bekennen, daß die Kraft eines so großen Feldherrn der Speer des blitzenden Himmels sei. So große Freude dem erwählten Kaiser, so große Wolthat der wünschenden Kirche werden vom Allmächtigen Streiter immerdar die Gebete des Papsts erflehen, deiner Edeln hold, dem wir von Herzen den väterlichen Segen erteilen. Rom bei Sancta Maria, am 15. Juni 1632.[1]

Der Wiederanschluß des Kurfürsten von Baiern an den Kaiser, und die ersten Fortschritte der neuen Armee Wallensteins hoben die Sache Ferdinands. Das mußte auch auf die Stimmung und die Widerstandskraft Urbans einwirken.

---

[1] Siehe Anhang n. XVI. Auch der ruhigste Leser wird urteilen, daß dieser Brief des Oberhaupts der Kirche hie und da die Verwilderung und den Blutdurst des dreißigjährigen Krieges atmet.

Er befand sich in peinlicher Verlegenheit: die Furcht vor Spanien zwang ihn den verhaßten Borgia als Botschafter zu dulden, während er in Erlassen gegen die Folgerungen dieser Duldung sich verwahrte.[1] Er mußte sich dazu bequemen, diesem Cardinal als Erzbischof von Sevilla, wozu er vor einiger Zeit ernannt worden war, das Pallium zu erteilen, und das that er wieder unter Vorbehalt der canonischen Strafen. Welche Demütigung, welches offene Geständniß, wie geknechtet der heilige Stul durch Spanien war!

In seinem Kampf mit dieser Macht konnte Urban VIII. nur auf die Unterstützung Frankreichs rechnen, und sie wurde ihm auch zugesagt. Gleich nach dem Protest hatte der französische Botschafter eine lange Audienz beim Papst. Indem er behauptete, daß Borgia durch jenen Act den König von Frankreich indirect beleidigt habe, verlangte er in seiner Eigenschaft als Botschafter fortan Zutritt zum Consistorium, weil dort der Cardinal in derselben Eigenschaft gehört worden sei.[2]

Richelieu, der von Borgia als Ketzer gebrandmarkt worden war, schrieb an den Papst. Er beteuerte die Ergebenheit des Königs von Frankreich gegen den heiligen Stul und das Wol der katholischen Religion, wie dessen Eifer für den Frieden der Christenheit. Im Namen Ludwigs XIII. bezeugte er das lebhafteste Mißfallen an dem boshaften Verfahren einiger Minister Spaniens gegen den Papst, namentlich an dem Mangel der Achtung, welchen sich gerade derjenige unter ihnen erlaubt hatte, der am meisten

---

[1] Erlaß v. 17. Juni 1632, Bullar. Rom. XIV.
[2] Depesche des toscan. Residenten Niccolini 14. März 1632, Staatsarchiv Florenz.

verpflichtet war, Se. Heiligkeit zu ehren. Der König, so sagte er, ist hocherstaunt, daß sich dieser Mann so weit vergessen konnte, Vorwürfe und noch Unziemlicheres sich herauszunehmen, statt die Güte und Einsicht Sr. Heiligkeit voll tiefen Dankgefühls zu preisen. Der Papst könne versichert sein, daß der König von Frankreich keine Gelegenheit versäumen werde, ihm die aufrichtige Liebe zu bethätigen, mit der er auch den Interessen seines Hauses ergeben sei.[1]

Indeß diese diplomatischen Erklärungen halfen Urban nicht weiter. Er hatte gehofft, daß die Vorstellungen seines Nuntius in Madrid ihm Genugthuung verschaffen würden durch die von ihm verlangte Abberufung Borgia's. In der That hatte die Meldung von dessen Protest am dortigen Hof zuerst einen zweifelhaften Eindruck gemacht. Stimmen waren laut geworden, welche die Handlung des Cardinals als unzeitig tadelten, weil doch der Papst, wie man wissen wollte, dem Kurfürsten von Baiern gegenüber seine Politik geändert und eben erst die geistliche Auflage von 600,000 Scudi bewilligt habe.[2] Doch Philipp IV. zögerte absichtlich, seine Ansicht auszusprechen.

Am Ende des Mai kam der Marchese Castel Rodrigo als außerordentlicher Gesandter Spaniens nach Rom, aber er hatte keine Aufträge in Bezug auf die Angelegenheit des Protests. Urban mußte es dulden, daß Borgia in seiner Eigenschaft als ordentlicher Botschafter jenen Abgesandten ihm vorstellte, was in der Audienz am 6. Juni geschah. Der Cardinal selbst sprach sich über die von seinem Könige

---

[1] Mem. du Card. Richelieu VII. 27 ff.

[2] Giambattista Ronchi an den Herzog von Modena, Madrid 24. April 1632. Staatsarchiv Modena.

getroffne Entscheidung nicht aus; doch man erzählte in Rom, daß sie zu seinen Gunsten ausgefallen sei. Diejenigen, so berichtete man von dort am 6. Juni, welche das Schreiben des Königs an Borgia gesehen haben, versichern, daß es sehr schön abgefaßt sei und für Se. Eminenz nicht vorteilhafter lauten konnte. Der König lobt sein Auftreten im Consistorium; er sagt, daß es den Interessen Sr. Majestät durchaus entsprochen habe. Der Brief ist voll von Ausdrücken des Danks und von Verheißungen auch für diejenigen Cardinäle, welche die Sache des Königs unterstützt haben. Ein Kurier soll nächstens eintreffen mit der Bestätigung Borgia's als ordentlicher Botschafter. Jedermann erwartet die Cardinäle Ludovisi, Ubaldini, Scaglia und Aldobrandini belohnt zu sehen, damit auch sie über den Papst triumfiren, wie jetzt der Cardinal Borgia triumfirt. Der Papst ist außer sich, daß der König von Spanien auf ihn als Souverän so wenig Rücksicht nimmt. Er will eine Bulle erlassen, welche Cardinälen verbietet, Gesandte von Fürsten zu sein.

Man meldete weiter: es ist ein Gerücht aus dem Palaste Borgia ausgegangen und behauptet sich, dieses Inhalts, daß im Falle der Papst dem Willen des Königs von Spanien sich widersetzen und sich weigern sollte, Borgia als Botschafter anzunehmen, oder wenn er ihn von den Consistorien und Congregationen ausschließen sollte, ein Befehl von Madrid vorliegt, daß alle spanischen Cardinäle sammt den Untertanen des Königs abreisen, und jede Verbindung mit Rom, auch alle Spolien und Benefizien aufgehoben werden sollen. So wird der Papst wol genötigt sein, Borgia als Botschafter anzunehmen.

XV.

Die Ankunft spanischer Kuriere, deren Depeschen Borgia geheim hielt, steigerte die Aufregung. Man erwartete einen neuen großen Auftritt von Seiten Spaniens. „Mehr als alles andere regt hier die ganz sichere Kunde auf, daß der Cardinal Pazman vom Kaiser den Befehl gehabt hat, dem Papst einen energischen Protest einzureichen, in welchem gesagt wird: der Kaiser habe, durch fünfzehn päpstliche Breven dazu überredet, das Restitutionsedict erlassen; dieses Edict sei die Ursache, daß so viele ketzerische Mächte gegen ihn und sein Haus sich verbunden haben. Aus Gehorsam gegen Seine Heiligkeit und zum Wol der katholischen Kirche sei er in solche Gefahr geraten, während die Verweigerung der Hülfe von Seiten des Papsts darthue, daß dieser seine Pflicht gegen Gott und die Kirche versäume. Deshalb sei der Kaiser genötigt, sich vom Gehorsam gegen den heiligen Stul loszusagen. Da nun dieser Protest auf den Rat des Prinzen Savelli verschoben worden ist, so argwöhnt man, daß der Cardinal Borgia zu seiner Zeit damit beauftragt sei, weil doch die Spanier, wegen der Nähe Neapels, dem Papst mit mehr Nachdruck begegnen können."[1]

Wir haben gesehn, daß der Kaiser schon im April an Pazman geschrieben hatte, im äußersten Fall einen Protest einzureichen und dann abzureisen. Im wiener Staatsrat ist also derselbe Act, welchen der spanische Botschafter ausgeführt hatte, erwogen worden.

[1] Avvisi, 13. Juni 1632.

Unterdeß setzte Urban die Ueberreichung der Chinéa, des herkömmlichen Zeichens des neapolitanischen Lehnsverhältnisses am Tage S. Peter und Paul, in große Verlegenheit. Er weigerte sich diese Huldigung von Borgia in Empfang zu nehmen; aber selbst der Ausweg, den er gestattete, daß nämlich der Cardinal jene Handlung dem Marchese Castel Rodrigo amtlich übertrug, enthielt doch immer die Anerkennung Borgia's als ordentlicher Botschafter.

Der trotzige Spanier ärgerte den Papst und seine Nepoten durch kleine Beleidigungen, welche sie empfindlich verletzten. Wenn er den stolzen Cardinälen Barberini auf der Straße begegnete, so fuhr er ihnen in seiner Karrosse vorüber, ohne sie zu begrüßen. Es war nach einem solchen Zeichen der Mißachtung, daß der Cardinalnepot seiner Wut in folgendem Brief an den Nuntius in Madrid Luft machte:

„Der Hochmut dieses Menschen ist so weit gestiegen, daß er eines Tags in hellen Wahnsinn ausbrechen muß. Die Unarten, die er heute begeht, um Verdruß zu erregen, werden zu offenbaren Beschimpfungen, und sind nicht mehr erträglich. Seine Tollheit hat solchen Grad erreicht, daß er seine Bosheit, die er bisher mit Kunst verschleierte, nicht einmal mehr zu verstecken weiß. Wol ist das ein Urteil Gottes, der dem Trug in der Welt die Larve entreißen will. Ich bitte, thun Sie das Mögliche dazu, daß diese Geschichte einmal ein Ende nimmt und der Conte Duca einsieht, wie wenig Sr. Majestät damit gedient wird, daß dieser wütende Mensch hier bleibt, wie sehr aber beide verpflichtet sind, das Erzbistum Sevilla vor der Schädigung zu bewahren, welche es durch die jahrelange Abwesenheit seines Bischofs erleidet.

Sprechen Sie ernstlich mit denen, die das angeht, denn keine wichtigere Angelegenheit liegt in Ihren Händen." [1]

Borgia fürchtete freilich, daß ihn der Papst eines Tags zwingen werde, auf seinen Sitz Sevilla zurückzukehren, und Urban hätte das wol schnell durchgesetzt, wenn er nicht die Abberufung des Botschafters gerade durch den König von Spanien als Genugthuung verlangte. Es war umsonst, daß er es vermied, den Cardinal als Gesandten anzuerkennen, denn dieser setzte endlich doch sein Stück mit Triumf durch.

Am 14. August wurde aus Rom gemeldet: „der Cardinal Borgia ist am letzten Sonntag als ordentlicher Botschafter mit einem Gefolge von 70 Karrossen zur Audienz gefahren; eine Stunde lang ist er beim Papst geblieben und dann frohlockend nach Hause zurückgekehrt. Der Hof beglückwünscht ihn in besonderer Weise, weil er so viele Händel mit dem Papst angefangen hat und aus allen als Sieger hervorgeht. Man hat niemals geglaubt, daß Se. Heiligkeit nach allen öffentlich gemachten Erklärungen dennoch zurückweichen werde; aber wir haben es mit Augen gesehn, wie dem Cardinal Borgia ein besonderer Tag bewilligt worden ist, um Se. katholische Majestät als Botschafter zu vertreten. Diese Umwandlung des Papsts schreibt man dem Cardinal Barberini zu, welcher sich wegen seiner persönlichen Familieninteressen enge an die Spanier anschließen will und sich deshalb bemüht, den Papst von Vor=

---

[1] Perchè questo è il maggior negozio, che possa haver alle mani. Der Card. Staatssecretär an Cesare Monti, 1632 .... (Nicoletti V. c. 5.) Der venet. Botschafter Giov. Pesaro zeichnet den Card. Barberini so: di natura cupo, melancónico, collerico, appassionato, facilmente si offende, e difficilmente perdona. Relaz. della Corte di Roma I. 331.

sätzen abzubringen, die den unvermeidlichen Bruch mit dem Hause Oesterreich zur Folge haben können." [1]

So hatte Urban zwar Borgia als Botschafter thatsächlich anerkannt, aber er beharrte darauf, daß ihm der König von Spanien Genugthuung schuldig sei, und diese sollte in einer Abbitte des Cardinals im Consistorium, endlich in dessen Abberufung vom Botschafterposten bestehen. Um diesen Zweck zu erreichen, machten die Barberini dem Marchese Castel Rodrigo eifrig den Hof; sie behandelten ihn als den wirklichen Botschafter und säeten Neid und Zwietracht zwischen ihm und Borgia aus, dessen Stellung am Hofe zu Madrid sie zu untergraben suchten. Der Cardinal verlor seine Zuversicht; er bemühte sich um die Versöhnung mit dem Papst, wurde aber zurückgewiesen. Je nachdem die politischen und kriegerischen Ereignisse die Schale Spaniens steigen oder sinken machten, stieg oder sank auch sein eignes Ansehen in Rom. Als Mastricht fiel, und die Hoffnung auf den siegreichen Widerstand des Herzogs von Orleans schwand, fand die kleinlaute Stimmung in Madrid sofort ihren Wiederhall in Rom. Nun hieß es hier, daß die Barberini und Castel Rodrigo das Spiel gewonnen hätten, daß Borgia den Befehl erhalten habe, die Abbitte im Consistorium zu leisten; selbst der Tag dafür wurde bezeichnet. [2]

Dies war indeß ein Irrtum; Borgia hatte keinen solchen Befehl von seinem Hof erhalten; das Gerücht, er habe die Gunst des Königs und des Herzogs Olivarez verloren, erwies sich als falsch. Der Cardinal blieb fest. Man machte ihm den Vorschlag, in der mildesten Form Genug-

[1] Siehe Anhang n. XVII.
[2] Avvisi, 13. 20. Nov. 1632.

thuung zu leisten, indem er nicht im Consistorium, sondern nur in Gegenwart einiger Cardinäle seine Handlung vor dem Papst entschuldigte. Doch auch dieses Ansinnen wies er von sich: er wollte sich nicht selbst beschimpfen.

XVI.

Nun aber trat das große Ereigniß ein, welches den Weltverhältnissen im Ganzen, wie im Einzelnen eine unberechenbare Wendung geben zu müssen schien. Am 16. November fand Gustav Adolf durch ein katholisches Geschoß den Heldentod auf dem deutschen Schlachtfelde. Der Eindruck dieser Kunde in Rom war gewaltig.

Fünf große Neuigkeiten, so schrieb man von dort, sind an den Hof gelangt: der Tod des Königs von Schweden, die Erkrankung Richelieu's, die Flucht des Herzogs von Orleans, die am 8. November erfolgte Wahl des Prinzen Ladislaus zum König von Polen, endlich die Erklärung des Königs von England gegen die Vereinigten Niederlande. Die Spanier jubeln; sie haben ihre Zuversicht wieder gewonnen; Niemand zweifelt mehr daran, daß der Papst die von Borgia begehrte Genugthuung nimmermehr erlangen wird, vielmehr behauptet man, daß die für kirchliche Angelegenheiten ernannten Commissäre demnächst aus Spanien eintreffen werden. Auch sollen, so heißt es, außer Cueva die Cardinäle Doria, Pazman und Harrach an den römischen Hof kommen.[1]

Der modenesische Agent Fulvio Testi bestätigte diesen

[1] Avvisi, 4. Dec. 1632.

Eindruck in einem Briefe, worin er schrieb: „die Spanier beginnen aufzuatmen, denn die Krone des katholischen Königs ist außer Gefahr, wenn die Dinge in Deutschland günstig stehen. Ew. Hoheit erwäge nur, daß der Herzog von Friedland siegreich ist, daß die Ketzer geschlagen sind, daß Orleans geflohen, Montmorency enthauptet, der französische Adel enttäuscht und Richelieu erkrankt und ratlos ist: alles Dinge, welche innerhalb weniger Tage sich ereignet haben und zwar als man sich ihrer am wenigsten versah, und welche darthun, daß das Haus Habsburg unter dem ganz besonderen Schutze des Allmächtigen steht." [1]

Statt Freude darüber zu äußern, daß der große Führer der ketzerischen Mächte und mit ihm, wie man damals glauben durfte, auch deren Sache gefallen sei, zeigte Urban offen seinen Verdruß. Er war bestürzt, denn nun konnten ihn die Spanier in Italien in große Bedrängniß bringen. Eben erst hatte er Torquato Conti mit Ingenieuren an die Grenze Neapels geschickt, dort ein befestigtes Lager zu errichten, wofür man Anagni in Aussicht nahm. [2]

Am 11. December, einem Sonntag, erwartete man, daß der Papst in der Nationalkirche der Deutschen den Sieg des Kaisers durch ein Tedeum feiern würde; da er das nicht that, machten die Spanier ein großes Geschrei. Urban ließ nur eine stille Messe in der Anima lesen und, wie man erzählte,

---

[1] Rom, 11. Dec. 1632. Archiv Modena.
[2] Fulvio Testi 10. Dec. Vom Tod des Königs sagt er: questo avviso è dispiaciuto interamente al Papa, e ne sta travagliato. — Man ist der Ansicht, so sagte Alvise Contarini, che a S. Sta sia dispiaciuta la morte del re di Svezia, e che più goda o — manco tema i progressi dei protestanti che degli Austriaci. Rel. della Corte di Roma 1. 368.

war er den ganzen Tag über in zornig aufgeregter Stimmung. ¹

Galt diese Messe der Seelenruhe des großen Helden, dessen Tod er heimlich beklagte? Die Spanier, so heißt es in den Memoiren Richelieu's, welche verlangten, daß dieser König, der nur gegen ihre Anmaßung und zu Gunsten der von ihnen erdrückten Fürsten Krieg geführt hatte, als Zerstörer der Kirche betrachtet werde, führten laute Klage darüber, daß der Papst nicht zum Zeichen der Freude ein Tedeum singen und die Kanonen abfeuern ließ. Dies geschah am folgenden Tage, der ein Sonntag war, beim Austritt aus der Capelle. Die einen sagten, es gelte jenem Todesfall, die andern, es gelte der Wahl des Königs von Polen, deren Kunde eben eingetroffen war. ²

Dagegen schrieb der Cardinal-Staatssecretär Barberini an den Nuntius in Frankreich: „Wir haben die ganz sichere

---

[1] Fulvio Testi: Dicono però che S. Sta stette tutto quel giorno alteratissima e rabbiosissima. — Der Card. Barberini schrieb am 11. Dec. 1632 an Maxim. v. Baiern, der Papst habe diesen Morgen eine stille Messe in der Anima gelesen und darauf habe er das Tedeum wollen singen lassen, aber die Ceremonienmeister hätten die dazu nötigen Anstalten nicht getroffen; deshalb wolle der Papst morgen das Tedeum in der Capelle singen lassen. Staatsarchiv München: Barberini Corrisp. Romana.

[2] Ein Brief Wallensteins, Prag 25. Febr. 1633, an Schmidt (Kais. Residenten in Constantinopel) bei H. Hallwich, Wallensteins Ende I. 147, bezieht sich auf ein von jenem veranstaltetes Tedeum wegen des Sieges wider den weiland König von Schweden, von welcher Feier der franz. Botschafter de Marcheville gesagt habe, daß sie beim Papst nicht werde verantwortet werden können. „Als haben Wir, so schreibt Wallenstein, „nicht unterlassen wollen, Ihn, waß höchstermelt Ihr Päpst. Heiligkeit uns in dieser materia selbst zugeschrieben, bei gegenwärtiger Gelegenheit zu avisiren." Der Papst hatte wol ein officielles Gratulationsschreiben an W. erlassen.

Nachricht von dem Tode Gustavs, welche Unser Herr, wie Sie sich leicht denken können, mit Jubel vernommen hat, denn so ist die Schlange todt, die mit ihrem Gift die ganze Welt zu vergiften trachtete. Die näheren Umstände des Sieges kennen wir noch nicht, aber wie sie sich auch verhalten mögen, so wird der Tod eines so grimmigen Feindes der Religion und eines so gewaltigen Heerführers immer ein großer Vorteil sein. Ich halte dafür, daß dies Ereigniß auch die Lage der Verhandlungen verändern wird; ich fürchte, daß die Spanier sich trotzig aufrichten werden und daß man in Frankreich nicht nachgeben wird, um nicht den Schein zu veranlassen, es sei dies aus Furcht vor der Macht der Oesterreicher geschehen. Es bleibt daher Ihrer und des Monsignor Ceva Klugheit überlassen, ein Mittel zu entdecken, um auf passende Weise die Sache zu erleichtern. Von hier aus kann nichts dergleichen an die Hand gegeben werden, weil wir nicht wissen, welche Veränderung jenes Ereigniß in Frankreich hervorbringen wird. Pinerolo und die Einrichtung der Verhältnisse des Reichs werden die beiden Klippen sein, an denen dieses Geschäft scheitern kann, zumal in der gegenwärtigen Zeit." [1]

Wer ahnte wol damals in Rom, daß nur 23 Jahre später die Tochter Gustav Adolfs, die vom protestantischen Glauben abgefallene Königin von Schweden, hier zu den Füßen des Papsts erscheinen, und daß ihr zu Ehren die Barberini in ihrem Palast glänzende Festspiele veranstalten würden? Eine Abbildung dieser Feier mit allegorischen Aufzügen zu Ehren Christina's schmückt dort noch heute den

---

[1] Anhang n. XVIII.

großen Saal. Die Königin ist dargestellt sitzend als Zuschauerin auf einem Balkon, umgeben von den Barberini und anderem Adel Roms.

XVII.

Unterdeß ängstigte Urban den VIII. ganz besonders die nahe bevorstehende Ankunft außerordentlicher Bevollmächtigter des Königs Philipp IV., welche die Beschwerden Spaniens in kirchlichen Angelegenheiten nach Rom bringen sollten. Das spanische Cabinet hatte sich entschlossen, den Papst auf die empfindlichste Weise zu züchtigen. Man sagte, daß der eigene Beichtvater des Herzogs Olivarez eine Schrift habe ausgehen lassen, worin er behaupten durfte, der Papst sei im Grunde nichts mehr, als der Bischof der Diöcese Rom. [1]

In Wahrheit drohte der spanische Staatsrat, ihm die Spolien und Einkünfte der Datarie zu entziehn. Er ließ eine lange Reihe von Beschwerden wider den heiligen Stul zusammentragen, betreffend alle kirchlichen Mißbräuche in den Ländern Spaniens, die vielen an Fremde und Unwürdige durch die römische Curie dort erteilten Pensionen, Präbenden und Coadjutorien, die kostbaren Dispense, die Spolien der Vacanzen, die großen Summen Gold und Silber, welche die römische Datarie aus Spanien ziehe, wodurch das Land verarme, die durch Italiener ausgeübte Gerichtsbarkeit der Nuntiatur und anderes mehr. Der König, so wurde in jenem officiellen Schriftstück gesagt, sei als Oberherr und

---

[1] Hist. des Papes V. 230.

allgemeiner Patron der spanischen Kirchen verpflichtet, solchen Mißbräuchen ein Ende zu machen. Die Unterlassung dieser Reformen sei Ursache, daß sich die katholische Kirche gegenwärtig in Europa in einer nie zuvor erlebten Bedrängniß durch die Ketzer befinde und die Christenheit von der Last unaufhörlicher Contributionen erdrückt sei. [1]

Diese spanische Drohung schwebte demnach wie ein dunkles Gewitter über dem Haupte Urbans. Indeß die Ankunft der gefürchteten Commissäre verzögerte sich. Es trafen auch von Deutschland Nachrichten ein, welche die Lage der Protestanten nach dem Tode Gustav Adolfs keineswegs als verzweifelt schilderten, während die Haltung Wallensteins Hoffnung auf Intriguen zur Dämpfung der habsburgischen Macht darbot. Gegen den Kaiser konnte möglicher Weise der Herzog von Friedland von der antihabsburgischen Partei zu einem Werkzeug benützt werden, etwa wie solches in den Händen der spanischen Partei der Herzog von Orleans gewesen war.

Die Natur der Beziehungen Wallensteins zur päpstlichen Curie ist freilich noch nicht aufgeklärt. Als Herzog von Mecklenburg hielt er einen eigenen diplomatischen Agenten in Rom, den Protonotar Johann Emerix. Dessen Berichte aus Rom an ihn sind, wie es scheint, nicht erhalten, oder doch nirgend bekannt geworden. [2]

---

[1] Die span. Gravamina finden sich in dem gedruckten Memorial dado por D. Juan Chumacero y Carrillo, y Don Fr. Domingo Pimentel Obispo de Cordova a la Santidad del Papa Vrbano VIII. año de MDCXXXIII. de orden y en nombre de la Magestad del Rey D. Phelippe IV. sobre los Excessos, que se cometen en Roma contra los Naturales de estos Reynos de España.

[2] Am 13. Oct. 1629 schreibt der Cardinal Barberini an den Her-

Schon am Ende des Jahres 1632 bekam man im Vatican mehr Mut; man forderte wieder von Borgia Genugthuung. Der spanische Agent Diego Saavedra und der Marchese Castel Rodrigo waren durchaus auf der Seite der Barberini. Der Cardinal sah oder glaubte sich in Spanien verlassen; er wurde ganz „melancholisch", doch zu einem unehrenhaften Schritt ließ er sich nicht bewegen.

XVIII.

Ueber die damalige politische Lage, die Ansichten und Stimmungen in Rom machte Fulvio Testi am 12. Januar 1633 einen Bericht an den Herzog von Modena, welcher bekannt zu werden verdient. Er lautet so: Ich habe in andern Briefen Ew. Hoheit mitgeteilt, daß der Bischof von Osma aus Spanien kommen und demnächst eintreffen soll. Ich füge hinzu, daß er gar seltsame Aufträge auszurichten hat. Um das mit größerem Nachdruck zu thun, hat ihm Se. Majestät 10,000 Scudi in Gold zur Bestreitung seiner Ausgaben mitgegeben. Die Spanier haben freilich Grund, an diesen Hof eine Person von Gewicht abzuschicken, denn ihre Angelegenheiten stehen hier keineswegs gut. Der Marchese Castel Rodrigo ist als Feind Borgia's ganz und gar An-

zog, daß dieser Agent ihm willkommen sei (Lettere del Card. Franc. Barberini). Er nennt ihn Giovanni Emmerico; auf seinem Grabstein heißt er Johannes Emerix. Man findet diesen in der Anima zu Rom, in der Wand rechts vom Chor eingemauert, wo er als Sacr. Rom. Rotae Auditor bezeichnet ist. Er starb, 73 Jahre alt, am 16. März 1669. Daneben befindet sich der Denkstein seines Erben und Neffen Jacobus Emerix de Matthys.

hänger der Barberini und sucht im Stillen allen Handlungen des Cardinals entgegen zu wirken. Borgia seiner Seits sieht von Spanien her keine der Entschließungen eintreffen, welche notwendig waren um seinen Protest aufrecht zu halten; er glaubt sich deshalb verlassen und ist andern Sinnes geworden. Wenn er zuvor als ein Mann von festem Willen galt, hat er jetzt durch viele Schwächen die Achtung bei den Barberini und den Glauben bei andern verloren.

Der Bischof von Osma kommt wegen der Interessen der Datarie; denn es gilt als sicher, daß man in Spanien entschlossen ist, dieser Behörde alle herkömmlichen Einkünfte zu entziehen. Sollte das wirklich geschehen, so würde dieser Hof an den Rand des Verderbens gebracht und das Andenken des gegenwärtigen Papsttums für immer gebrandmarkt werden. Se. Heiligkeit wird dem, so viel man hört, mit der Erklärung entgegentreten, daß diese Angelegenheit an die Rota oder das Consistorium aller Cardinäle zu verweisen sei. Aber die Herren Spanier sind mächtig und scheinen zur That entschlossen. Man hat ihnen zwar angedeutet, daß der Papst in solchem Fall der Krone Spanien verbieten wird, die Zehnten aus den geistlichen Gütern zu erheben, doch sie haben erwidert, daß sie diese trotzdem ohne Scrupel erheben dürfen, weil solche Gelder zur Unterhaltung des Krieges gegen die Ketzer bestimmt sind.

Hier murmelt man von Gründen zur Excommunication, dort zu einem Concil. So verworren und verwickelt sind die Dinge, so groß das gegenseitige Mißtrauen, daß weder für Nachgiebigkeit noch für Verstellung mehr Raum übrig bleibt. Der Bruch liegt offen da: Kunstgriffe helfen nicht mehr. Der Papst ist von Natur französischer als jeder beliebige

Bürger von Paris.[1] Das bisherige Waffenglück des Allerchristlichsten Königs hat ihn in seiner Ansicht bestärkt.

Die Mißerfolge in Flandern und Deutschland haben die Macht Spaniens in seinen Augen herabgesetzt. Sein Gewissen sagt ihm, daß er an dem Ruin des Hauses Oesterreich heimlich mitgearbeitet hat, und das macht ihn zu dessen erbittertstem Feinde. Denn das Wort ist wahr: der Beleidiger verzeiht nicht mehr.

Die französischen Neigungen des Cardinals Antonio geben den seinigen Nahrung; der Widerwille, den der Cardinal Barberini gegen Borgia an den Tag legt, verstärkt dieselben. Die Nachrichten vom Tode des Königs von Schweden, von der Niederlage des Feindes und der Flucht des Herzogs von Orleans haben, statt ihn zu Verstand zu bringen, ihn nur in Wut gebracht. Kurz, er hat so ganz den Kopf verloren, daß er die allergrößesten Sinnlosigkeiten begeht.

Ich hörte es aus dem Munde einer Person, die im Palast viel zu thun hat und vieles weiß, daß Se. Heiligkeit neuerdings im polnischen Reichstag sich eifrig darum bemüht hat, daß nicht, wie geschehen ist, Ladislaus zum König erwählt werde (aus Furcht derselbe möchte sich mit einer Tochter des Kaisers vermälen), sondern Casimir, der Sohn einer anderen Mutter, der dem österreichischen Hof nicht sehr ergeben ist. Ich hörte von derselben Person (und das macht mich tief erstaunen) daß der Papst durch einen Jesuitenpater den Herzog von Friedland ermuntert hat, sich mit Frankreich zu verbinden und gegen den Kaiser zu wenden, wobei er ihm die sichere Hoffnung vorspiegelte, sich zum Gebieter über

---

[1] Il Papa di sua natura è più francese di qualsivoglia cittadino di Parigi.

alles machen zu können; endlich daß er es ist, welcher den Zwiespalt zwischen Friedland und dem Herzog von Baiern unterhält.

Von all' diesen Dingen sind die Spanier sehr gut unterrichtet, und ich weiß aus sicherer Quelle, daß Saavedra, der Agent des katholischen Königs, davon Mitteilung erhalten hat. Die Protection Savoyens, welche der Cardinal Antonio übernommen hat und die ihn zum erklärten Parteimann Frankreichs macht, erregt das Mißfallen der Spanier: so liegen, wie ich wiederhole, die Verhältnisse in der größten Verwicklung. Nichts desto weniger läßt die Spannung, in welcher sich augenblicklich Se. Heiligkeit zu Venedig befindet, die Möglichkeit eines Vergleichs mit den Spaniern hoffen, so daß man schon an Verhandlungen in diesem Sinne gedacht hat. Aber kein vernünftiger Mensch wird an einen praktischen Erfolg derselben glauben; es kann hier nur auf Trug und Verstellung hinauskommen, und deren werden sich sowol der Papst als die Spanier zu ihrem Vorteil bedienen.

Sollte sich auch für jetzt der Papst zufrieden geben, so kann doch die Versöhnung nur von kurzer Dauer sein, denn er ist jener Nation zu feindlich gesinnt. Ich behaupte dreist, daß die Spanier den Verstand verloren haben müßten, wenn sie jemals glauben sollten, diesen Herren hier trauen zu dürfen. Wenn sie jetzt, wo sie stolz aufzutreten die Macht haben, nicht mit irgend einer nachdrucksvollen Demonstration hervorkommen, so werden sie sich selbst für immer ruiniren und jedes Ansehen an diesem Hofe verlieren.

Aus diesen Prämissen scheint mir der Schluß zu ziehen, daß Ew. Hoheit nicht daran denken darf, durch Hülfe und Gunst der Spanier Ihre Zwecke bei der Kirche freundlicher

Weise durchzusetzen, zum mindesten nicht so lange dieses Papsttum dauert....

Ich weiß, daß es in der Natur des Instituts der Geistlichkeit liegt, in allen Geschäften sich nur durch den Vorteil leiten zu lassen. Diese Herren wollen ihre Familie groß machen, sie lieben den Reichtum, sie gieren nach Macht, aber sie haben nicht herzhaften Mut genug, um das Glück beim Schopf zu fassen. Mit einem Wort gesagt, sie sind hochmütig, aber erbärmlich. Wenn ich es mit einem Leo X., mit einem Julius II., einem Alexander VI., oder einem Ludovisi zu thun hätte, so würde ich heute Ew. Hoheit das Geschäft als gesichert darstellen dürfen, aber weil die Naturen verschieden sind, so mögen Sie immerhin glauben, daß dieser Fluß zu seicht ist, um große Schiffe zu tragen. [1]

XIX.

Unterdeß setzte der Papst seinen wenig ehrenvollen Kampf mit Borgia fort. Sein monarchisches Selbstgefühl wurde durch dessen fortdauernde Anwesenheit als Botschafter gequält; auf jede Weise wollte er die verlangte Genugthuung, endlich die Abberufung des Cardinals nach Spanien durchsetzen. Doch er kam keinen Schritt weiter. Philipp IV. machte zwar keine entschiedene Erklärung, daß er seinen Botschafter unter allen Verhältnissen aufrecht halten wolle, aber eben so wenig gab er den Forderungen des Papsts Gehör. Der Cardinal war eine Figur im diplomatischen Spiel geworden, welche man vorschieben oder zurückziehen konnte, je

[1] Siehe Anhang n. XIX.

nachdem es dienlich war. Im Juni 1633 schrieb man sogar aus Rom: man spricht nicht mehr von Unterwerfung Borgia's. Er steht gut mit dem Conte Duca, der ihn gegen die ganze Welt behaupten will.

Es war in jenem Monat Juni, am zweiundzwanzigsten, wo Borgia seinen Namen vor eins der merkwürdigsten, aber kläglichsten Actenstücke setzte, welche die Geschichte der Kirche aufzuweisen hat. Diese Schrift ist auch ein Protest gewesen, aber gerichtet gegen die Gesetze der Natur und ihre von der Wissenschaft sonnenklar bewiesene Unumstößlichkeit. Es ist das von den Inquisitoren der heiligen Congregation gegen den unsterblichen Galilei erlassene Verdammungsurteil. An der Spitze der Sentenz stehen die Namen der zehn Cardinäle jenes Tribunals. Kein Spanier ist darunter außer Gasparo Borgia, welcher die erste Stelle einnimmt.[1] Bei den Unterschriften am Ende fehlen die Namen Borgia, Laudivio Zacchia und Francesco Barberini, des alten Freundes Galilei's. Unterzeichnet hat die Sentenz mit den übrigen, nicht zu seinem Ruhm, der als Nuntius und Geschichtschreiber berühmte Guido Bentivoglio.

Es würde das Andenken Borgia's nicht wenig ehren, wenn man nachweisen könnte, daß es wissenschaftliche oder

---

[1] Seltsamer Weise gibt er sich in diesem Schriftstück seinen ursprünglichen Cardinalstitel von S. Croce in Gerusalemme, statt sich Bischof von Albano zu nennen, was er war und bis zu seinem Tode blieb. Siehe Giuseppe Cappelletti le Chiese d'Italia (Vol. I.), und die Fortsetzung des Ciaconius, wo als Nachfolger Borgia's im Bistum Albano Bernardino Spada bezeichnet wird (ernannt erst am 19. Febr. 1646). — Die Bezeichnung mit dem Titel S. Croce kann nur als Versehen erklärt werden, wie seltsam dies auch immer ist. In einem Act v. 22. März 1634 zeichnet sich Borgia durchaus als Bischof von Albano.

auch nur rechtliche Bedenken gewesen sind, die ihn bewogen hatten, seinen Namen jener Sentenz zu versagen, welche die Inquisition wider die göttliche Weltordnung und ihren Zeugen, die Erkenntnißkraft des Menschengeistes, geschleudert hat. Doch hat diese Unterlassung sowol bei Borgia als den beiden andern Cardinälen sicherlich solche Beweggründe nicht gehabt. [1]

Gerade in jenen Monaten des Jahrs 1632, wo das Zerwürfniß mit Spanien so heftig entbrannt war, setzten Galilei's Feinde den Proceß gegen den großen Astronomen bei Urban durch. Der Papst befand sich in aufgeregter Stimmung. Auch Galilei's Freund Monsignor Ciampoli war ihm als Anhänger der spanischen Opposition verdächtig, und von ihm aus Rom verbannt worden. Es war aber durchaus beleidigte Eitelkeit und persönlicher Aerger über die Dialoge, welche Urban antrieben, seinen ehemaligen Freund, dessen copernicanische Ansichten er geteilt hatte, so schrecklich zu demütigen. [2] Von dieser Schuld ist er nicht freizusprechen; an jenen Act, welcher den greisen Galilei zum Meineid und moralischen Selbstmord gezwungen hat, bleibt sein Name angeheftet.

In denselben Tagen, wo der Genosse Keplers auf den

---

[1] Das Fehlen jener Unterschriften haben Karl v. Gebler und andere Schriftsteller über Galilei's Proceß bemerkt. Doch die Acten bei Gebler zeigen, daß Borgia die Sentenz später amtlich bestätigt hat. Daß er aber aus Haß gegen Urban und aus Freundschaft zu Galilei der Sitzung damals nicht beiwohnte, scheint Sante Pieralise doch zu glauben (Urbano VIII e Galileo Galilei, Rom 1875, p. 223).

[2] A. v. Reumont, Galilei und Rom, Beiträge zur Italienischen Geschichte I. 415. Reusch, Der Proceß Galilei's und die Jesuiten, Bonn 1879, S. 221 ff. — Ueber Ciampoli S. 197. 226.

Wegen der modernsten Wissenschaft so schimpflich verurteilt wurde, rief Urban VIII. das längst vergessene Mittelalter in das Bewußtsein der Zeit zurück. Die Asche der großen Gräfin Mathilde ruhte seit mehr als 500 Jahren im Benedictinerkloster zu Mantua. Diese Reste, worauf jene Stadt stolz war, ließ der Papst, im Einverständniß mit dem dortigen Abt, heimlich nach Rom entführen. Als der Raub bekannt wurde, erhob das Kloster und der Herzog selbst ein Geschrei, was Urban nicht beachtete.[1]

Mathilde war der politische Genius des Papsttums gewesen. Sie hatte die römische Hierarchie in unermüdlichen Kämpfen mit den Waffen beschützt und endlich mit ihrem reichen Erbe ausgestattet. An ihren Namen war die Erinnerung des glänzendsten Triumfs des Papsttums über das Kaisertum geknüpft: die Scene von Canossa. Man sieht dieselbe auf dem schönen Marmorsarkophag abgebildet, worin der Papst die Reste jener großen Frau im S. Peter feierlich niederlegen ließ. Ueber ihm steht die königliche Gestalt der Gräfin, die Papstkrone und das Scepter in den Händen; das schönste Werk Bernini's.

Dies Grabmal im S. Peter darf man geradezu als ein politisches Manifest Urbans VIII. betrachten; es ist der monumentale Protest seines Bewußtseins als Fürst des Kirchenstaats, und zugleich eine entschiedene Erklärung gegen das Haus Habsburg, welches die Kaiserrechte in Italien und Rom wieder herzustellen drohte.

So unterschied sich Urban VIII. von seinem Vorgänger

---

[1] Den Raub der Asche Mathildens meldete Badelli (Avvisi di Roma) am 9. Juli als geschehen vor etwa 10 Tagen. Siehe Anhang n. XX.

Gregor XV.; dieser hatte den Stifter des Ordens Jesu, einen Spanier, unter die Heiligen des Himmels versetzt, und jener der großen Feindin des deutschen Kaisertums eine ehrenvolle Stelle im S. Peter gegeben. Beide öffentliche Demonstrationen dieser Päpste, von denen der eine der unmittelbare Nachfolger des andern war, sind aber durchaus Wirkungen des dreißigjährigen Kriegs gewesen; sie sprachen daher das beinahe gegensätzlich verschiedene Verhältniß des einen und des andern Papsts zu diesem Kriege aus.

Schon Paul V. Borghese hatte Ignazius Loyola selig gesprochen. Darauf machte ihn Gregor XV. zum Heiligen, am 22. März 1622. Durch diese Canonisation ihres Ordensstifters sollte das große Werk der Jesuiten, die in Deutschland siegreich durchgeführte Gegenreformation, feierlich belohnt und in der Kirche für ewige Zeiten verherrlicht werden. Wenn der Plan dazu schon früher betrieben worden war, so wurde doch die endliche Entscheidung hauptsächlich veranlaßt durch die böhmischen Siege Maximilians von Baiern, zumal jene verhängnißvolle Schlacht am weißen Berge, welche den Pfalzgrafen Friedrich und mit ihm die Sache der Protestanten zu Boden geworfen hatte.

Welchen Anteil der Ehrgeiz und der jesuitische Eifer jenes baierischen Herzogs und dann Kurfürsts Maximilian an der Heiligsprechung Loyola's gehabt hat, mag der merkwürdige Brief lehren, welchen er am 24. Februar 1621 an seinen Gesandten Giovanni Battista Crivelli in Rom gerichtet hat, als eben erst Gregor XV. den päpstlichen Tron bestiegen hatte.

„Sie werden mit diesem und noch einem andern Brief von mir auch ein Schreiben an Se. Heiligkeit erhalten, betreffend die Heiligsprechung des seligen Ignazius. Ich bin zwar dessen sicher, daß Sie es nicht an Ihrem gewohnten Eifer werden fehlen lassen, um diese Angelegenheit so zu betreiben und zu führen (und das hauptsächlich unter Beirat und Hülfe des Generals der Companie Jesu), daß sie einen guten Erfolg erlangt; dennoch schien es mir zum Zweck, Ihnen nochmals zu schreiben, um Sie über meine Absicht besser aufzuklären. Diese ist, daß Sie die Erlangung der genannten Heiligsprechung nicht etwa erwirken als solche, die durch meine Intercession für die Väter der Companie zu geschehen habe, sondern auf Grund meiner eigenen Forderung und meines Anspruchs darauf als auf etwas, was man mir als Lohn und Preis schuldig ist für die Mühen, denen ich mich für den allgemeinen katholischen Glauben unterzogen habe, unter so großen Anstrengungen, Gefahren meiner eigenen Person und meiner Staaten und Untertanen, mit unberechenbaren Kosten und in solcher Weise, daß ich ohne Ruhmredigkeit ganz frei von mir behaupten darf: wenn ich nicht in Person mich auf dem Platz befunden hätte, um die Dinge zum guten Ziel zu leiten, um Mut und Eifer einzuflößen, ja um diejenigen mit Gewalt zum Kampf zu zwingen, welche nicht kämpfen, sondern nur die Zeit und den Krieg so hinziehen wollten: so würde nicht nur nicht ein so ausgezeichneter Sieg erlangt worden sein, sondern es wäre vielmehr den Feinden noch der Mut gewachsen, und die Gefahren und Schwierigkeiten, in welchen wir uns befanden, würden für ganz Europa sich vervielfältigt haben.

Dazu kommen die Folgen und Früchte dieses glücklichen Ereignisses, die sich täglich immer mehr offenbaren, denn nach der Niederlage des Feindes unter Prag, nach dem Gewinn jener Stadt und des Restes jenes Königreichs ohne solche wenige Gebiete, welche nach und nach in die Hände meiner Diener fallen, hat auch Mähren nicht lange gezögert, wieder zu dem schuldigen Gehorsam unter den Kaiser zurückzukehren. Schlesien und sogar das Königreich Ungarn sind nahe daran sich zu ergeben, und im Reiche sind die Protestanten nicht minder erschreckt, und in Verzweiflung ist ihre Union, welche bisher immer die Wurzel und die Nahrung alles Uebels gewesen ist, denn die Freien Städte, von denen jene hauptsächlich die Geldmittel erhalten, haben sich bereits zurückgezogen. Ich übergehe andre gute Wirkungen.

Nun, wenn Seiner Heiligkeit und dem heiligen Collegium der Cardinäle, wie ich daran keineswegs zweifle, mein Werk zu Gunsten des öffentlichen Heils und zur größern Ehre Gottes wolgefällig ist, und wenn sie sich entschließen, in Bezug darauf jene öffentliche Demonstration zu machen, welche man von Rechts und Gerechtigkeits wegen so ausgezeichneten Verdiensten schuldet, so verlange ich dieselbe und beanspruche ich sie ganz offen. Und diese Demonstration ist eben die genannte Heiligsprechung des ruhmvollen Knechtes Gottes, und zwar in solcher Weise zu vollziehen, daß es der Welt zweifellos kund sei, daß sie geschehen ist auf mein Dringen und Verlangen.

Ich fordere dieselbe nicht als Gunst und besondere Gnade, sondern als mir schuldige Pflicht, und an Stelle des gerechten Lohns und der Bezahlung meiner Werke.[1] Indem

---

[1] Et che la chieggo non per gratia o special favore, ma ex debito et invece di giusta mercede e pagamento delle mie opere.

Sie nun so von meiner Ansicht in Kenntniß gesetzt sind, wünsche ich, daß Sie auf das nachdrücklichste sich bei Sr. Heiligkeit und auch bei andern bemühen, und alle genau und auf das bestimmteste über dasjenige unterrichten, was ich beanspruche, und über die Art und Weise dabei. Wenden Sie allen Ihren Fleiß und Ihre Kraft an, diese Absicht durchzuführen. Denn wenn sie mir je zuvor einen Dienst erwiesen haben, so wird dieser der allergrößeste sein."[1]

XX.

Noch am Ende des Januar 1633 wies Urban die Forderung des kaiserlichen Botschafters, Subsidien zu zahlen, heftig ab. Intermistischer Botschafter war damals der Herzog Federico Savelli, dessen Bruder Paolo im Sommer 1632 gestorben war. Der Papst hatte den sonderbaren, freilich nur flüchtigen Gedanken gehabt, seinem eigenen Neffen Don Taddeo diesen freigewordenen Botschafterposten übertragen zu lassen, aus keinem andern Grunde, als um auf solche Weise dem Rangstreit wegen der Präfectur ein Ende zu machen. Viele vornehme Herren bewarben sich um

---

[1] S. Anhang n. XXI. An demselben Tage, 22. März 1622, wurden canonisirt, außer Loyola, auch die Spanier Francesco Xaverio und Isidorus, Santa Teresa, sodann der bekannte Filippo Neri, für dessen Heiligsprechung sich Maximilian gleichfalls eifrig bemüht hatte. (Depesche des Gio. Batt. Crivelli an Maxim. Rom 22. März 1622.) Ich bemerke bei dieser Gelegenheit, daß dieser Gio. Battista Crivelli der Vater des Francesco war, seines Nachfolgers als baierischer Resident in Rom. Beide, Vater und Sohn, bekleideten diesen Posten, der erste v. J. 1607—1627; der andere von 1627—1659. Ihre noch kaum für die Gesch. des dreißigjährigen Kriegs benützten Correspondenzen bewahrt das Staatsarchiv in München.

das ehrenvolle Amt, ein Orsini, Duca von Bracciano, Ludovico Ridolfi, der Prinz Aldobrandini, der Prinz Ludovisi, welchen Borgia und der Vicekönig Monte Rey besonders begünstigten. Der Papst verlangte zum Botschafter wieder einen seiner Untertanen; er schlug den erstgebornen Sohn des Verstorbenen, Bernardino, Herzog von Arricia, vor, welcher auch später diesen Posten erhalten hat.

Der Kaiser schickte zunächst im November 1632 Federico Savelli wiederum nach Rom als außerordentlichen Bevollmächtigten. Hier nun bemühte sich der Herzog ein Jahr lang vergebens, seine Zwecke durchzusetzen.

Er stand von früher her nicht im besten Andenken beim Papst. Als er in gebieterischer Weise eine Unterstützung von einer halben Million Scudi für den Kaiser forderte, schlug ihm das Urban heftig ab. Als er sich sodann erlaubte die Rechte seines Neffen auf Castel Gandolfo geltend zu machen, als sei dieser Ort ein unmittelbares kaiserliches Lehn, rief der Papst im Zorn: ich wundre mich nicht, daß Ihr in dieser Weise auftretet, denn ich weiß sehr wol, daß das beste, was Ihr von mir in Deutschland gesagt habt, dieß war: daß ich ein Tyrann sei. Und damit kehrte er Savelli den Rücken und ging davon.[1]

Indeß die Verhältnisse zwangen Urban doch nachzugeben.

Am 22. März 1634 erließ er eine Auflage von sechs Zehnten der geistlichen Einkünfte in ganz Italien zu Gunsten des Kaisers. Befriedigt reiste Savelli im Juni nach Wien zurück, nachdem er dem Papst ein Dankschreiben des

---

[1] Crivelli an Gigli, Rom 5. März 1633.

Kaisers überreicht hatte.¹ An dem päpstlichen Entschluß vom 22. März hat die Kunde vom Sturz und Tod Wallensteins vielleicht noch einigen Anteil gehabt, wenn sie Rom so schnell erreichte. Und schon früher hatte Urban den König von Spanien zu besänftigen gesucht. Denn das zu thun nötigte ihn die Furcht vor der Ankunft jener spanischen Commissäre. Sie kamen, und kamen nicht. Im März 1633 bewilligte der Papst dem Marchese Castel Rodrigo die Auflage von neunzehn Millionen auf die spanischen Kirchengüter, und er absolvirte später die Minister des Königs wegen ihrer ungesetzlich vollzogenen Erhebung. Alsbald hieß es, daß die gefürchteten Sendboten Philipps nicht mehr nach Rom kommen würden, daß sich Urban an Spanien anschließen wolle, wie das seine ängstlichen Nepoten verlangten.

Indeß vor Weihnachten 1633 landeten Pimentel und Chumacero wirklich in Civitavecchia.² Der Papst wollte sie anfangs gar nicht als Gesandte zulassen; Tage lang mußten sie in der Nähe Roms warten, ehe er ihnen erlaubte in die Stadt einzuziehn. Castel Rodrigo und die spanischen Cardinäle, worunter sich auch Borgia befand, führten sie hierauf in den Vatican und stellten sie Sr. Heiligkeit vor.

Es drehte sich bald alles um die neuen Ankömmlinge und ihre wichtigen Aufträge. Die Nepoten und Curialen ließen ihre Künste spielen, sie günstig zu stimmen. Man wiederholte, was mit Castel Rodrigo geglückt war, und bald

¹ Die Geschäfte der Botschaft führte intermistisch fort Monsignor Motman, Auditor der Rota. Eilf Jahre lang war Paolo Savelli Botschafter des Kaisers in Rom gewesen.
² Domenico Pimentel, Sohn des Conte de Benavente, war erst Bischof von Osma, dann von Cordova. Erst unter Innocenz X. wurde er Cardinal. Don Juan Chumacero war Staatsrat.

sah sich dieser zurückgesetzt und vernachlässigt, während Borgia sich beklagte, daß die königlichen Commissäre gekommen seien, ihm die Früchte seiner mutigen That zu entreißen.

Schon kurze Zeit nach ihrer Ankunft hieß es, daß dem Bischof von Cordova der Cardinalshut bestimmt sei, und daß Chumacero den Posten des ordentlichen Botschafters Spaniens erhalten solle, unter Voraussetzung der Abberufung Borgia's. Denn nichts auf der Welt lag dem Papst so sehr am Herzen, als die Entfernung des verabscheuten Cardinals.

Diesen Zweck zu erreichen, machten ihm jedoch die politischen Verhältnisse noch immer schwer genug. Die Macht des Königs von Spanien war damals wieder furchtbar: seine Commissäre in Rom hatten alles in Händen, um Urban in Schrecken zu setzen; auch das Glück der Waffen wendete sich in Deutschland den Katholischen wieder zu. Den Sieg bei Nördlingen, wo Bernhard von Weimar am 27. August 1634 den vereinigten katholischen Streitkräften erlegen war, feierten die jubelnden Spanier in ihrer Nationalkirche S. Giacomo zu Rom durch ein solennes Tedeum, und das mußte auch der Papst in der Anima thun, in Gegenwart des kaiserlichen Bevollmächtigten Monsignor Motman und des Agenten des Herzogs von Baiern Francesco Crivelli. Wie er sich bei dieser Gelegenheit benahm, hat ein römischer Zeitgenosse so geschildert:

Der Papst kam in die deutsche Nationalkirche, Gott für den großen Sieg zu danken, mit so traurigem und finsterm Angesicht, daß er seine Stimmung allen zu erkennen gab. Und diese legte er auch durch seine Kleidung an den Tag. Nach der kirchlichen Ordnung pflegt man selbst in Zeiten, wo die violetten Kappen vorgeschrieben sind, bei solchen Gelegenheiten zum Zeichen großer Freude rote anzulegen. Die Feier nun fiel auf den Advent; der Papst legte das violette Gewand an, ein Ausdruck eher der Traurigkeit als der Freude. Sämmtliche Cardinäle waren rot gekleidet erschienen; wie sie nun den Papst so erblickten, vertauschten die neuen unter ihnen, die er selbst ernannt hatte, die roten Kappen mit violetten, während die alten das nicht thaten. So sahen in einem und demselben Chor die Cardinäle aus wie die gesprenkelte Heerde Jacobs.[1]

XXI.

Als bestes Mittel aus dem Labirint herauszukommen machten dem Papst die spanischen Gesandten den Vorschlag, zu gestatten, daß der Cardinal Borgia in der Eigenschaft eines Vicekönigs nach Mailand gehe, und ihn deshalb mit den nötigen Breven zu versehen; wollte er das nicht zulassen, so drohte man ihm mit der Erklärung, daß Borgia als Protector der spanischen Nation und ordentlicher Votschafter für immer in Rom bleiben werde. Der Papst wollte zustimmen, doch nur unter der Bedingung, daß der Cardinal vor seinem Abgange nach Mailand den Protest widerrufe.

Plötzlich überraschte er alle Welt durch den Erlaß der Bulle Sancta Synodus am 12. December 1634. Unter Androhung der äußersten Kirchenstrafen befahl er darin allen Bischöfen und Geistlichen die Residenz in ihren Sitzen. Dieser energische Schritt war eine offenbare Gewaltmaßregel,

---

[1] Ameyden Urbanus P. P. VIII. im angeführten Mscr. n. 164.

welche den König von Spanien zur Abberufung Borgia's zwingen sollte. Außerdem hatte er den Zweck, auch andre spanische Cardinäle, deren Rückkehr man fürchtete, wie namentlich Sandoval und Spinola, oder solche, die aus andern Ursachen unbequem sein konnten, für immer von Rom entfernt zu halten.

Hier hatte sich auch das Gerücht verbreitet, daß der Kaiser im Sinne habe, den Cardinal Pazman zu seinem Botschafter zu ernennen. Der Cardinal Barberini wandte sich deshalb an den Kurfürsten von Baiern mit der dringenden Bitte, dies zu verhindern; er nannte Pazman einen hitzigen Menschen, der wenig Gutes stiften könne und den er lieber in der Ferne wüßte, als in Rom.[1]

Die Bulle machte ein leicht begreifliches Aufsehen in der Stadt, wie an den katholischen Höfen. Alle durch sie betroffenen Bischöfe waren in Aufregung. Um dem übrigens nicht unerwarteten Schlag zu begegnen, beeilte sich Borgia, auf sein spanisches Bistum Sevilla zu verzichten, denn diesen reichen Sitz besaß er neben Albano; gab er ihn auf, so hoffte er in Rom bleiben zu können. Der Papst aber ging darauf nicht ein; er forderte die Abreise nach Sevilla. Viele Geistliche kehrten bereits auf ihre Sitze zurück; andere sah man als Renitenten nach der Torre di Nona abführen.[2]

Unterdeß erwog der spanische Staatsrat, wie man sich

---

[1] Staatsarchiv München: Barberini an den Kurfürsten Maxim. Rom, 18. Febr. 1634: essendo stato riconosciuto da questa Corte per huomo rotto — und weiter nennt er ihn Ministro delle male soddisfazioni tra S. S.tà e S. Maestà Cesarea, und nochmals Ministro di rottura.

[2] Molti preti ordinari sono partiti, altri sono in Torre di Nona come disubbedienti ... Avvisi Badelli's 3. Februar 1635.

wegen Borgia's zu verhalten habe; er faßte den Beschluß, daß der Cardinal der Bulle des Papsts gehorchen müsse. So blieb dem König von Spanien nichts anderes übrig, als seinen Botschafter abzurufen, unter dem Vorwande, daß er ihn in seinem Dienste nötig habe. [1]

Der Kurier, welcher Borgia dies Abberufungsschreiben überbrachte, traf in Rom am 22. April ein, an demselben Tage, da der Cardinal Ubaldini starb; witzige Höflinge sagten deshalb: beide Cardinäle hätten zu gleicher Zeit ihren Abschied erhalten: der eine von der Stadt, der andre von der Welt. [2]

Am 28. April 1635 hatte der Papst die langersehnte Genugthuung seinen Todfeind in der letzten Audienz zu empfangen und auf Nimmerwiedersehen zu entlassen. Dann reiste Borgia nach Neapel, sich dort einzuschiffen. Se. Eminenz, so wurde aus Rom geschrieben, wird den Titel des ordentlichen Botschafters bis zu seiner Ankunft in Madrid beibehalten; deshalb ist seine Kanzelei in den Händen seines Secretärs geblieben, der sie an Castel Rodrigo aushändigen wird. Borgia ist ungern abgereist, und sein Fortgang erregt hier unglaublichen Verdruß, sowol weil er an diesem Hofe sehr beliebt gewesen ist, als weil ihn der König nicht mit so viel Nachdruck, als er wünschte, aufrecht gehalten

---

[1] Para tratar cossas de su servicio, se ha servido mandarme vaya á aquella corte ... Der Card. Borgia an d. Herzog v. Modena Rom, 28. April 1635, einen Tag vor seiner Abreise. Siehe Anhang n. XXII. Das Archiv Modena bewahrt ein Heft Lettere del Card. Gasparo Borgia Velasco an jenen Herzog und den Card. von Este, reichend vom 7. März 1612 (aus Madrid) bis zum 22. Juni 1645 (aus Madrid).

[2] Alter ab Urbe, alter ab Orbe.

hat. Indeß alle seine Bekümmernisse werden leicht dahinschwinden, wenn er sich zum Bewußtsein bringt, daß er 100,000 Scudi Einkünfte besitzt und die reichsten Benefizien auszuteilen im Stande ist.[1]

Gasparo Borgia war der Sohn des Herzogs Francesco von Gandia aus jenem Hause spanischer Granden, welches der bekannte unglückliche Bastard Alexanders VI. gestiftet hatte. Am Hofe zu Madrid hatte Camillo Borghese als Nuntius jenen Herzog kennen gelernt und sich ihm befreundet. Als er Papst geworden war, machte er dessen Sohn zum Cardinal, im Jahre 1605. Seit 1613 lebte Borgia in Rom, mit Unterbrechung einer Reihe von Monaten (vom Frühjahre 1620 bis zum Anfang 1621), während deren er das Vicekönigtum in Neapel verwaltete. Am 15. Juli 1630 war er zum Cardinalbischof von Albano ernannt worden. Denn auch Urban VIII. war ihm anfangs zugethan.[2] Wahrsager hatten ihm in Spanien das Papsttum geweissagt: denn dreimal werde der Stier des Hauses Borgia sein Gebrüll hören lassen.[3] Er war deshalb, so wollte man wissen, in Rom als ein Mann von reinem geistlichen Charakter aufgetreten, und führte überhaupt ein tabelloses Leben. Der Cardinal Zappata machte darüber die boshafte Bemerkung, daß Borgia nutzlos Sittlichkeit zur Schau trage und

---

[1] Avvisi vom 5. Mai 1635.

[2] Das zeigt unter andern ein Brief des Card. Franc. Barberini an dessen Mutter die Herzogin von Gandia, wo er das sagt. Rom 15. April 1627. Lettere del Card. Franc. Barberini a Principi. Bibl. Barberini.

[3] Jubebat fidem adhibere inani et fatuae predictioni Bovem tertium mugiturum. Ameyden im Artikel Gaspar Card. de Borgia. n. 168. Mscr.

der Natur Gewalt anthue, um das Papsttum zu gewinnen, da doch schon seit vielen Jahren der Hauch des heiligen Geistes in Spanien nicht mehr zu spüren sei. Der König Philipp würde freilich die Silberflotten Indiens hingegeben haben, wenn er damit einem seiner Untertanen den heiligen Stul erkaufen konnte. Doch diesen Triumf hat das Haus Habsburg nicht mehr erlangt.

Borgia besaß so wenig Bildung als Talent. Nur sein Protest im Namen Spaniens hat ihm Bedeutung verliehen. Ameyden spricht sogar folgendes harte Urteil über ihn aus: „Er war eine Null, zu Regierungsgeschäften ganz untauglich, und deshalb lieferte er den augenscheinlichen Beweis, daß Spanien an Männern verarmt sei, und diese ungeheure Monarchie ihrem Verfall entgegen gehe." Zugleich rühmt er ihn als einen wirklich frommen Geistlichen von so großer Mildthätigkeit, daß er jährlich 10,000 Scudi an die Armen verteilte, deren Vater in Rom er genannt wurde, und die seinen Fortgang laut beweinten.

Als Borgia in Neapel angekommen war, machte er den Versuch, hier dem Papst von neuem zu trotzen; er schiffte sich nicht ein; er blieb ein halbes Jahr in jener Stadt, während die spanischen Gesandten den Papst zu überreden suchten, darein zu willigen, daß der Cardinal das Amt des Vicekönigs in Sicilien übernehme. Doch Urban wies diese Forderung zurück, und nach mehren Monitorien mußte sich Borgia zur Abreise nach Spanien entschließen.

Er langte in Madrid an am Ende des Januar 1636, und erhielt vom König Philipp als Beweis der Anerkennung seiner geleisteten Dienste das Erzbistum Toledo. Aber statt sich in seine Residenz zu begeben, blieb er wiederum in Ma=

drid so lange Zeit, daß der Papst gegen ihn einschritt. Dies brachte Olivarez in Zorn; er drohte den Nuntius Campeggi aus Spanien auszuweisen. Borgia fügte sich, kehrte jedoch später nach Madrid zurück. Dort ist er, Urban VIII. überlebend, im November 1645 gestorben.

XXII.

In solcher Form hatte Urban VIII. nach einem ermüdenden Kampf von drei Jahren sich endlich Genugthuung verschafft. Es blieb ihm noch übrig, den vom madrider Hof angedrohten Maßregeln wegen der Datarie und der Dispense auszuweichen. Er ließ erst durch den Secretär der Breven Maraldi eine genaue Widerlegung der spanischen Gravamina verfassen, und dann gestaltete sich der Streit zu einem Proceß von Schriften und Gegenschriften. Pimentel wurde mit dem Versprechen des Cardinalshutes gewonnen, und die drohende Angelegenheit mit gewohnter Kunst der Curie so in die Länge gezogen, daß sie endlich in Rauch verging.[1]

Urban erreichte seine Absicht um so sicherer, als er seine feindliche Haltung gegen Spanien und den Kaiser überhaupt aufgab. Er zahlte wieder reichlich Subsidien. Er suchte den König von Frankreich von den Schweden und Protestanten zu trennen und weigerte sich mit ihm zum Schutze Italiens in Bündniß zu treten; auch verwarf er unumwunden die Bundesartikel von Heilbronn.

Die römisch-habsburgische Krisis ging vorüber. Wichtige Dinge hätten sich aus ihr gestalten müssen, wenn es

---

[1] Giannone lib. XXXVI. c. 13.

zum wirklichen Bruch, vielleicht gar zu einem Concil gekommen wäre. Doch immer ist es jene Feindseligkeit Urbans VIII. gegen das Haus Habsburg gewesen, welche wesentlich mit dazu gewirkt hat, daß die Uebermacht des Kaisers plötzlich zusammenbrach, daß sich die französisch-schwedisch-protestantische Verbindung erhob, die katholische Welt eine innerliche Trennung ihrer Macht erlitt, und der sinkende Protestantismus wieder zu Kräften kam. Dieser hätte wol hülflos erliegen müssen, wenn Urban VIII. zu rechter Zeit alle katholischen Mächte unter seiner päpstlichen Autorität zu vereinigen gestrebt hätte.

Höchst widersinnig aber würde es sein zu glauben, daß einem Papst, der für die allgemeine katholische Propaganda und Mission so eifrig gesorgt hat, die Vorteile und die Ausbreitung seiner Kirche nicht ganz besonders am Herzen lagen. Urban VIII. haßte die Protestanten, wie jeder andre katholische Priester. Den dritten General des Ordens Jesu, Francesco Borgia, welcher dem Geschlechte des Cardinals Gasparo angehörte, sprach er selig, ehe er sich mit diesem verfeindet hatte. Den reformatorischen Gedanken als eine Offenbarung des gereiften europäischen Geistes selbst und als geschichtliches, in Staat und Kirche fortwirkendes Organ der christlichen Cultur zu begreifen, hat er so wenig vermocht, als irgend ein Papst vor und nach ihm.

Er hat schwerlich je an der völligen Bezwingung der Protestanten durch die ihnen an staatlicher Größe und massenhafter Zahl so weit überlegenen katholischen Mächte gezweifelt. Wenn man nun das starre protestantische Pfaffentum von damals, die Geistlosigkeit und Verknöcherung betrachtet, in welche die protestantische Theologie versunken lag, wenn man den wilden Haß bemerkt, welcher Lutheraner und Calvinisten in der Stunde höchster allgemeiner Gefahr tödtlich entzweit hielt, wenn man endlich auf die Siege des Jesuitismus blickt, durch welche die römische Kirche ganze lutherisch gewordene Länder des deutschen Reiches wieder an sich zu ziehen vermocht hatte, so wird man es erklärlich finden, daß Urban VIII. die endliche Niederlage der Protestanten für gewiß hielt. Sie war für ihn und andere Päpste nur eine Frage der Zeit, und die römische Kirche hatte immer Zeit.

Unterdeß spielte dieser Papstkönig als Politiker mit dem brennenden Feuer: wie schon einmal während der Reformation, bot sich für die weltlichen Bedürfnisse des Papsttums der verhaßte Protestantismus doch als willkommener Bundesgenosse wider die gefürchtete Uebermacht Spanien-Oesterreichs dar.

Gerade in der Zeit, wo das Haus Habsburg über alle seine Gegner triumfirt hatte, wo die Pfalz in spanischer Gewalt lag, wo Christian IV. von Dänemark, das kriegerische Haupt der gegen den Kaiser noch fortkämpfenden Protestanten, besiegt, Mansfeld geschlagen und gestorben war, und wo der Kaiser im Bunde mit Spanien seine gewaltige Hand nach den baltischen Küsten und Meeren ausstreckte, erneuerte und verschärfte Urban VIII. am 1. April 1627 die berühmte Nachtmalsbulle.[1]

Die Bulle in Coena Domini, das Werk langer Jahrhunderte und vieler Päpste, ist der canonische Ausdruck der Ansprüche des Papsttums auf die Alleingewalt. Die Ver-

---

[1] Bullar. Roman. Ed. Taurin. XIII. n. 240. Man sehe Lebret's Pragmatische Geschichte der so berufenen Bulle in Coena Domini . . 2. Aufl. Frkft. u. Leipzig 1772.

fluchung aller Ketzer, der Hussiten, Wiklefiten, der Lutheraner, Zwinglianer und Calvinisten, der Ugonotten, Widertäufer, Trinitarier und ihrer Beschützer und Helfer ist nicht einmal der wesentliche Teil in ihr, denn noch absichtsvoller als gegen die religiöse Ketzerei richtet sich diese Urkunde gegen alle und jede Eingriffe der Könige und Fürsten, ferner der bischöflichen Gewalten und der Concile in die alleinherrlichen Rechte des Papsts, während derselbe sogar die Erhebung von neuen Steuern durch die Könige in ihren eigenen Staaten von seiner Genehmigung abhängig macht. [1]

Als diesem uralten Syllabus päpstlicher Machtvollkommenheit Pius V. im Jahre 1568 eine neue, erweiterte Gestalt gegeben hatte, erhob sich dagegen der heftigste Widerspruch der Könige und Völker. Die Bulle hob deren Selbständigkeit auf; sie konnte in den Händen eines jeden gewaltsamen oder nur geschickten Papsts unter gegebenen Verhältnissen ein furchtbares Werkzeug werden. Urban VIII. gab ihr die abschließende Norm und Gestalt — und kein Widerspruch erhob sich damals gegen dieses Manifest — denn die Mächte alle waren in Krieg und Revolution verwickelt und sie bedurften des Papsts. Wie kam es nun, daß gerade Urban mit jener herausfordernden Bulle neu hervortrat? Seine Furcht vor der Uebermacht des Hauses Habsburg, gegen welche er nach Waffen suchte, erklärt diese Thatsache, und außerdem lag der allgemeine Beweggrund dazu

---

[1] Auf die Aufzählung der Ketzer folgt nach wenig Atemzügen die Verfluchung der Meerpiraten, und es ist bezeichnend für Urban VIII., daß er dabei hinzufügte: discurrentes mare nostrum, praecipue a monte Argentario usque ad Terracinam — diese Strecke des Mittelmeers betrachtete er als eine päpstliche See.

in seiner herrschsüchtigen Natur und in seinem Bewußtsein von der legitimen Weltherrlichkeit und Größe des Papsttums, von der er erfüllt war.

Auf der Höhe irgend welcher geistlicher Ideale konnte ein so weltlich gesinnter Mann wie Urban VIII. niemals stehen. Darf man überhaupt in der hierarchisch=politischen Anstalt des Papsttums jener Zeit des europäischen Kampfs um die Feststellung der Monarchie eine sittliche Idee suchen, von so viel schöpferischer Kraft, von so zukunftsgewissem Bildungstriebe, daß sie der veränderten Welt noch neue ideale Impulse alter Katholicität aufzunötigen vermochte?

Die Verlegung des großen Principien= und Mächtekampfs von Italien hinweg, welches Land zu seinem eigenen nationalen Unglück bis auf Luther und Carl V. der geschichtliche Schauplatz und das Schlachtfeld der wichtigsten Entscheidungen Europa's gewesen war, nach Deutschland hinüber, dem Vaterlande und Hort der Reformation, bewies schon an sich, daß die Päpste, ehemals die Schiedsrichter und Verteiler der moralischen Geschicke unseres Weltteils, jetzt mehr und minder nur zum Range der duldenden Zuschauer herabgestiegen waren.

Unter Urban VIII. begleitete das Papsttum durch 21 lange Jahre den großen deutschen Krieg als passiver Zuschauer, oder als diplomatischer Teilnehmer, und niemals ist dasselbe in kühner, entschiedener Weise darin aufgetreten. Der dreißigjährige Krieg, dessen religiöse, tiefste Motive jener Papst, wie wir sahen, grundsätzlich verleugnete, und seiner ganzen Art und weltlichen Stellung gemäß verleugnen mußte, war aber die allerletzte Epoche in der Geschichte des schon abwärts gehenden Papsttums, wo dieses noch zu einer großen Handlung berufen schien. Indeß nur duldend und protestirend, mit der wirkungslosen Bulle In Coena Domini in Händen, hat es sich, erst noch unter Urban VIII. selbst gegenüber den Bestimmungen des prager Friedens, sodann überhaupt zu den ihm verderblichen Endergebnissen dieser dreißigjährigen Revolution Europa's verhalten müssen.

Seit dem siebzehnten Jahrhundert, seit seiner Herabsetzung auf geminderte Maße geistlich-politischer Wirkung, und auf das bloße System der Verteidigung und Selbsterhaltung, hat auch kein großer Mann je mehr den Stul Petri bestiegen.

Würde etwa das Papsttum noch zu einem machtvolleren Weltverhältniß emporgekommen sein, wenn statt Urban VIII. ein Richelieu an seiner Spitze stand? Das hätte es in solchem Falle wol nur vorübergehend in weltlicher und politischer Hinsicht, aber niemals mehr in ideeller Weise zu erlangen vermocht.

Die Niederlage des Papsttums durch die deutsche Reformation, welche dasselbe von den Höhen der Cultur absetzte, in feindlichen Widerspruch zu dem fortschreitenden Leben Europa's brachte, und endlich in hierarchisch erstarrende Geistesarmut verbannte, diese untilgbare Niederlage hat der westphälische Friede besiegelt. Der Protestantismus ging aus dem letzten und furchtbarsten der Kämpfe um sein Dasein in der Geschichte unbezwungen hervor, und der dreißigjährige Krieg war am Ende nicht, was man hier gehofft und dort gefürchtet hatte, der Untergang, sondern nur das Purgatorium der deutschen Cultur. Seitdem begann jener erstaunliche Proceß der Geschichte, der das deutsche Volk durch eine Reihe noch anderer Katastrophen, welche alle im innigsten Causalzusammenhange mit der Reformation und dem dreißigjährigen Kriege standen, weiter bis zu dem unvergeßlichen Tage hingeführt hat, wo das Haupt der Protestanten Deutschlands im Schloß der Könige Frankreichs selbst, zu Versailles, die getrennten Glieder des Vaterlandes, protestantische wie katholische, wieder zu einem deutschen Reiche vereinigte.

Doch das sind Ereignisse, die nicht weiter in den kleinen Kreis dieser Schrift gehören.

Nur das sei noch bemerkt, wie bedeutungsvoll und trostreich die Thatsache ist, daß noch während des dreißigjährigen Kriegs, zwei Jahre vor dessen Schluß durch den westphälischen Frieden, in Sachsen, dem Vaterlande Luthers, Leibniz geboren wurde: ein Genie, so groß und umfassend, daß in diesem einen Namen, als wie in einer Hülle, die Universalität der Wissenschaft des deutschen Geistes umschlossen zu ruhen scheint. Und dieser entfaltete sich bald genug gerade in denselben Provinzen des Reichs, welche protestantisch geblieben waren, während er in anderen katholisch gebliebenen oder durch die Gegenreformation dazu wieder gemachten deutschen Landen nicht zur Entwicklung kam.

Anhang.

I.

Wallenstein an den Herzog Vincenzo von Mantua.

Prag, 17. Januar 1627.

Ser^{ma} Altezza mio Sig^{re} et amico amantissimo. Con ogni affetto alla A. V. offeriamo la servitù nostra et quanto vagliamo assicurandola della nostra devota perseveranza in qualunque occasione de suoi commandi et servitij. Et si come per il passaggio a meglior vita, di felice memoria del Ser^{mo} Sig^{r} Duca Ferdinando Duca di Mantova et Monferrato fratello di V. A. ne desiamo ne potiamo tralasciar di condolerci et di mostrare il dispiacere da noi conceputo per tal insperata morte. Così parimente dal altra parte habiamo noi, non piciola occasione di ralegrarci, si per la sanità di vita concessa da Dio a V. A. restando il stato suo con un tal successore, et ben qualificato Regente, per utilità et consolatione de suoi populi, tutto ralegrato. Per la qual cosa congratuliamo a V. A. di tutto cuore, et insieme gli desideriamo nella eminenza di tanto principato et felicissimo Regimento, continuatione di molti anni con crescimento et aumento di giorno in giorno magiore.

Et poi che mandiamo anco per altri affari importanti a V. A. il presente quartier M.ro Generale della a noi consegnata Imperiale armada. Il ben nato Sig.re Leta Gropelli de Medici. Così parimente dimandiamo et desideriamo che V. A. non solo gli conceda benigna audienza, et in tuto gli presti fede, ma anco la favorisca di ogni sorte di agiuto et spedicione, circa quanto gli proponerà. Et questo perchè noi habiamo posto in V. A. ogni nostra confidenza, obligandoci in ogni occorrenza a parità in effetto di corrispondenza. Ricomandiamo l'A. V. al altissimo Dio. Di Praga gli 17 Gen.ro 1627. —

Di V. A.

Pront.imo Alberto duca di Fridtlant.

(Staatsarchiv Mantua.)

II.

Der Cardinal Barberini an Wallenstein.

Rom, 25. August 1630.

Al S.r Duca di Michelburg.

Essendo io à gran parte di tutti gli honori che la molta pietà di V. A. fa alli Ministri Apostolici devo sommamente professarmele obligato dell' humanità, con la quale è restata servita di ricevere et honorare con sì vive dimostrationi di stima Mons. Arciv.o di Patrasso

Nuntio Aplico all' Imp.re nel passaggio ch'egli ha fatto per Maminga, di che 'l detto Prelato ha dato qua pienissima parte, et io come d'effetti che procedono anco dall' humanità di V. A. verso di me, le ne rendo quelle più vive gratie che posso, e devo, supplicandola à conservarmi l'honore della sua gratia come io vivissimamente conservo un riverente affetto verso V. A., e verso la sua generosità e meriti. S. S.tà ha riconosciuto questa dimostratione di V. A. per atto di quella filiale osservanza, ch'ella porta a S. B.ne et alla Santa Sede, il che lo significò nell' aggiunto Breve, onde a me non rimane di far altro, che bacciarle come faccio affettuosamente le mani.

Roma 25. Agosto 1630.

(Bibl. Barberini LXVII. 46.)

III.

Urban VIII. an den Kurfürsten Maximilian.

Rom, 4. October 1630.

Dilecte fili Nobilis vir salutem et Ap. Ben. Jamdiu videt Europa, quibus palmis coronare studeas famam virtutis tuae, et foelicitatem triumphantis Religionis. Eos enim hostes assiduis praeliis Nobilitas Tua fatigat, qui non minus coelo bellum indixerunt, quam Germaniae, et majori odio coelites quam Principes insectantur.

Quare perinde ac proprium gaudium gratulamur in presentia Nobilitati Tuae concordiam dominantium, et pacem Italiae, ob quam haec provincia non leve Bavarico Duci se debere beneficium profitetur. Nec sane immerito. Scimus enim, quibus et officiis et consiliis authoritas tua pro Italica tranquillitate in Ratisbonensi Conventu militaverit. Interea dum Itali pace perfruentur, praenunciamus frequentiores triumphos Catholico foederi, et Nobilitati Tuae, cui propitiam precamur militiam coelestis exercitus, et Ap. bened. peramanter impartimur. Datum Romae ap. S. Mariam Majorem sub Annulo Piscatoris die IV. Octobris MDCXXXI. Anno Pont. N. Nono

Joannes Ciampolus.

(Staatsarchiv München.
Crivelli Corrisp. di Roma 1630.)

IV.

Der Cardinal Barberini an den Kurfürsten Maximilian.

Castel Gandolfo, 26. Oct. 1630.

Al Sig.r Duca di Baviera.

Non poteva dalla gran pietà delle MM.tà e dalla efficace intercessione di cotesto Collegio Elettorale, et specialmente dalli offitii et operationi prudentissime di V. A. aspettarsi altro parto, che quello della pace, e tranquillità di questa Provincia stabilita, e sottoscritta costì, si come V. A. con sing.re benignità s'è compiaciuta di significarmi mediante la sua lettera de 13. portata dal messo di Mon.re Nuntio, il quale mi avvisa a lungo, non meno le condit.ni dell' accordo seguito, che la molta parte havutavi dall' affettuoso zelo dell' A. V. verso il publico bene del Cristianesmo catt.co L'allegrezza et il giubilo di S. S.tà et il mio di cosi bramato successo non si può esprimere Ma V. A. creda, che ne meno può esplicarsi l'aff.o con che S. B. hà benedetti tutti quelli che ve hanno cooperato, e specialmente la Ser.ma persona di V. A. a cui io ne professo, per la mia parte, obligatione incredibile, sperando che la bene incominciata impresa sortirà felice effettione, e che anco a questa sarà intenta d'impiegarsi conforme al bisogno la singolare pietà dell' A. V. il cui testimonio della sollecitudine et ardore di Mons. Arciv.o di Patras in secondare i sensi di S. B. con suoi offitii in cosi importante neg.o accresce in me la stima verso il d.o Prelato à proportione della mia oblig.ma volontà verso tutti i cenni dell' A. V. alla quale prego da Dio ogni felicità, e le baccio perfine humilmente le mani. Di C. Gandolfo 26. Ottobre 1630.

(Bibl. Barberini.)

V.

Der baierische Resident Francesco Crivelli an den kurfürstlichen Rat Aurelio Gigli in München.

Rom, 20. Januar 1629.

Il S.r Card. Barberini m' ha ordinato che faccia sapersi a S. A. S., raccommandandomi molto la secretezza in ogni loco, che questo Ambasciatore dell' Imp.re ha fatto instanza a S. S.tà et a S. S. Ill.ma da parte di S. M.tà Ces.a, che si voglino adoprare con li Elettori, e particolarmente con quello di Baviera, perchè quanto prima si venga all' elettione del Rè di Romani. Dirò le parole del Card.le. Hò dato bona intentione a S. E.za per non mi scoprire, ansi mostrare, che non vi sarebbe stata difficoltà; dicendo che mi pareva difficile, che l'elettione potesse uscire dalla Casa d' Austria, e le promisi, che si sarebbe fatto buon ufficio per sbrigare S. M.tà Ces.a, ma per parlare liberamente confidando in V. S., il senso di S. S.tà e mio, è diverso, se bene sono stato costretto per degni rispetti di parlare nella forma c'ho detto all' Amb.re così ordinatomi dal Papa. Hora vorrei intendere da S. A.a come mi habbia da governare, e saperne il suo senso, non havendo la mira ad altro, che all' accrescimento della sua Ser.ma Casa. E le potrà dire da mia parte, che servendosi a S. Alt.a a questo effetto non ne faccia caso. Doppo che mi concluse liberamente, doppo molto cordialissime offerte, che non vorrebbe si venisse a tal elettione mentre non si sapesse di certo havesse da cadere in persona di S. Alt.ª Del tutto ho dato parte a Nostro Sig.ʳᵉ, il quale mi disse, che l'haveva ordinato a Barberino, soggiongendomi, Di gratia che la cosa passi secretissima, dicendo, che non bisognava dormire sopra questo negotio; e al parlare che faceva S. S.ᵗᵃ mi accorsi, che voleva fare ufficio con Francia e con Venetia per impedire detta elettione, dicendo, che non era tempo ancora di trattare simil faccenda; quella è stato la maggior audienza che ancora io habbia havuta da S. S.ᵗᵃ, la quale mi ordinò non so quante ambasciate da fare a S. A., ma il tempo mi manca, e non è possibile per questa volta. Con le prime a dio piacendo supplirò nell' istessa maniera. non dovendosi sapere il contenuto, se non S. Alt.ª, la quale intanto potrà confidare liberamente tanto meco, quanto con S. S.ᵗᵃ e S. S. Ill.ᵐᵃ, e mandarme quelli ordini che le parrà.

Roma 20. Gennaro 1629.

(Staatsarchiv München,
Crivelli Corrispondenza di Roma 1629.)

VI.

Urban VIII. an Wallenstein.

Rom, 17. Januar 1632.

Dilecte fili Nobilis vir Salutem et
Apl̄c̄am benedictionem.

Audiit haec Nationum patria iterum ad germanica bella voce Caesareae Maiestatis et voto Catholicarum provinciarum revocari Nobilitatem tuam et plaudens auguratur Romanae Religioni et Romano Imperio victorias fulminatrices perfidiae atq. impietatis, faventes laudibus nominis tui, consulentes rationibus catholicae fidei, oramus DEUM exercituum, ut frameam coelestis ultionis gloriose coruscare velit, in triumphali dextera Nobilitatis tuae, ad faciendam vindictam in Nationibus, coelum oppugnantibus, et consolanda suspiria moerentis Ecclesiae. Dimicet in Legionibus tuis DEO militantibus coelectis exercitus. Nos tam beata spe Pontificiam solicitudinem consolamur, et dum tibi benedictionem nostram impartimur, honorifico hoc te perfrui volumus publicae expectationis testimonio, ac Nobilitati tuae benedictionem omnipotentis exposcimus. Datum Romae apud S. Petrum sub Annulo Piscatoris die XVII. Januarij MDCXXXII.

Pontificatus Nri. anno Nono.

(Staatsarchiv Modena.)

VII.

Protestatio Eminentissimi et Rev.i Domini Card.lis Borgiae facta nomine Regis Catholici coram Sanctissimo Papa Urbano Octavo anno Pontificatus sui nono in Amplissimo Consistorio sub die octava mensis Martii 1632.

Cum primum Ser.mus Hispaniarum Rex Catholicus conjuratam cum Rege Sueciae haereticorum omnium vim, acceptasque a catholicis in Germania clades intellexisset, ut majorum suorum vestigiis insisteret, qui pro religione magis quam pro imperio dimicantes, gloriosum hinc ei titulum pepererunt, consilia sua omnia, curasque direxit, ut statim tanto periculo occurreret. Posthabitis itaque in Indiis, in Italia, in Belgio et in Hispaniis rerum suarum rationibus, magnam pecuniae vim Caesari suppeditavit, suasque in Belgio copias Sueco resistere jussit. Dum interim omnium Regnorum suorum potentiam ad majorem opem ferendam pararet, simul reputans, conspirantia undique haereticorum arma, non commode posse nisi communibus catholicorum armis repelli, ad Sanctitatem V.ram communem omnium Parentem se convertit, qua majori potuit contentione humiliter postulans, ut non solum ipsa collatis quam largissime posset pecuniis opitularetur, sed quod precipuum esset, catholicos omnes Principes, populosque periculi admoneret, et ad religionis causam in tam presenti discrimine cunctis viribus, strenue defendendam serio hortaretur, talemque se apostolica sollicitudine nunc preberet, quales sanct^mi, clarissimique ex Sanctitatis V. Predecessoribus se exhibuerunt, qui quasi tubam apostolicam vocem exaltantes pro tuenda imo etiam pro propaganda fide universam Christianam Rempublicam ad gloriosa federa excitarunt, quod Sanctitatem V. pro summa sua prudentia ac pietate egregie prestituram Majestas sua merito sibi pollicebatur.

Verum dum gliscunt in dies mala et adhuc Sanctitas V. cunctatur, haec a Reverend^mis Dominis Cardinalibus Hispanis, et a me Sanctitati V. privatim saepius repetita, jussit Majestas sua etiam in amplissimo hoc consessu suo nomine me referre, ut quotquot hic adsunt Rev^mi patres tot sint testes apud Deum et homines, Majestatem suam nec studio, nec auctoritate nec re Dei et fidei causae defuisse, et simul me, qua decet humilitate ac reverentia protestari mandavit, quidquid detrimenti Catholica Religio pateretur, non ipsi Piissimo et Obsequentissimo Regi, sed Sanctitati Vestrae adscribi debere.

VIII.

Bericht aus Rom nach Wien.

Di Roma li 13 di Marzo 1632.

Mai in questa Corte manca qualche nouità et hora è arrivata vna non aspettata. Hanno questi S^ri Card^li

Spagnoli et l'Amb^re trauagliato il possibile con sforzi santi pij e necessarij per ridurre S. S^tà a condescendere in quello dessideraua S. M^ta Catt^cà tutto indirizzato all' honnor di Dio propagatione della fede e diffesa della Rel^ne Catt^ca la quale cosi afflitta si ritroua hoggi di in Allemannia, et non essendo stato possibile con mezzi santi e giusti attirarlo a segno ch' acconsentesse niente di ciò che S. M^tà Catt^ca lo chiede di volersi far capo d'vna lega Catt^ca de Pren^i Catt^ci per la diffesa della Rel^ne Catt^ca et della chiesa, et non hauendo aiutato mai con socorso alcuno con tanti migliara d'instanze fatte in nome di sua M^tà Catt^ca oltre alli continoui auuertimenti di questi Sig^ri Card^li e dell' Amb^re Ces^o hauuendo caminato tutti unitamenti. Si risolse al fine il Sig^r Car^le di Borgia secondo l'ordine di sua M^tà Catt^ca di rappresentarlo in Consistorio, e cosi il lunidi 8 del c. fece l'oratione o protesta che V. E. vedera per la qui annessa copia. Propose prima le chiese vacanti in Spagna, et subito immed^te doppo, con molta humilta, riverenza, valore et affettuoso sentimento comminciò la sua oratione non ben udita da S. S^tà ne d'alcuni Car^li, e peruenendo alla parolla Cunctatur commandò S. S^tà in fretta che tacesse, ma sua Em^a hauuendo nel cuore collui per la cui causa raggionaua passaua inanzi nel dire e S. S^tà nel commandare che tacesse suspese ben poco e poi torno a proseguire, con che il Papa con maggior colera che prima sollicitava che tacesse. Vbedi il Car^le mentre il Papa replicaua domandando in che qualita parlaua? se di Car^le, o, d'Amb^re? perche se come Amb^re quel luogo non era oportuno. Se come Car^le, no lo doueua fare senza chiederne prima il suo Voto consultiuo e la sua licenza. Il Car^le ben presto e prudentemente li disse che parlaua come Amb^re del Rè Catt^co e come comprotettore di Spagna et in somma come Car^le nella causa di Dio e che mentre S. S^tà lo commandaua tacere parlasse per lui vna scrittura, la quale leuandosi dal suo luogo et arriuando a i piedi di S. S^tà gliela presento e poi se ne torno á sedere. Qui si altero il Papa replicando al Car^le con molta colera, ma esso, con altro tanto di valore rispondeua a tutto. Il Car^l Colona Parente et hoggi poco Spagnuoli il suo Padre e lui, senza hauuer altra consideratione che compiacer al Papa, e dar fastidio al Car^l di Borgia, disse il medesimo che S. S^tà che tacesse, ma rispose Sua Em^za domandando con che autorità parlaua a questa maniera, il Papa soggionse che poteua parlare, a questo replico Borja, qui non è piu ch' vn sol Padrone chi e V. S^tà e basta, e se basta, deue bastar anco per rispondere per se medesimo. Questa finezza ha fatto il Car^l Colona in disservigio di Spagna. Vi furono di piu molti intoppi e repliche tra sua S^tà et il Borja. Il Car^l Cappuccino si leuo anco lui dal suo luogo in colera auanzandosi verso dove stava Borja, ma il Car^l Sandoval andandoli all' incontro, et mettendoli la mano al petto disse: Si ritorni al suo luogo, questa sarebbe bella ch' vn Cappuccino volesse sturbare vn conuento o Consistorio come questo. Il Car^l Antonio Nipote volendo fare il medesimo, fu impedito dal Car^l S. Georgio il quale li disse auuerta V. Em^za ch'il Sig^r Car^l di Borja parla per il Rè di Spagna, levandosi il bonetto al nominare sua Ma^ta. Il Car^l Spinola acceso anco lui in colera non potendosi esplicare colla lingua parlaua con gl'occhi con le mani e con tutto il corpo spezzando il bonetto con zelo straordinario come lo mostrorono questi tre Car^{li}. Albornoz si mantenne in particular silenzio con che hauuerà meritato assai appresso S. S^{tà} non hauuendo parlato in contro al Borja altri che li doi Colona et il Cappuccino, e S. S^{tà} disse al Borja che senza merito suo gl'hauueua mostrato sempre buona Volontà ma che lo riconosceua male, a che seppe risponder il Car^l con molta modestia e Valore che n'havveva mostrato gran stima in questa attione eternizandosi con essa. Giouedi alli 11 Corrente se n'ando il Car^l di Borja alla congregation dell' inquisitione solita da celebrarsi in presenza di S. S^{tà}, et baciandoli il piede disse. Dovete dar molte gratie a noi di lasciarvi intrare in questa Camera et in congregatione senza reprenderui e castigarui. Replico il Car^l V. S^{tà} mi da licenza ch'io scrivi questo al mio Rè, e con segno di colera rispose che lo scrivesse pure. In che si vede che le cose da questo canto si vanno impeggiorando. Iddio disponghi quello, sara piu gran seruigio Suo dirigendo la mente di sua Santità e di Sua M^{tà} Catt^{ca} per maggior gloria sua, propagation della fede et augmento della Religion Catt^{ca} Amen.

(Staatsarchiv Wien. Romana.)

IX.

Der kaiserliche Botschafter in Rom an den Kaiser.

Rom, 8. März 1632.

Sacra cesarea maestà.

Vedendo il car.^l Borgia doppo essere stati passati molti offici da luj dagli altrj car.^li Spagnuoli dal duca mio fratello et da me per indurre sua S^tà a soccorrere con mezi straordinarj ne presenti pericoli alla religione catolica in Germania, che non vscirà ancora risolutione alcuna conforme al desiderio et al bisogno nel concistoro di questa mattina per ordine che disse tenerne dal suo re; alla presenza di tutto il collegio de car.^li con gran.^mo spirito et efficacia cominciò a rappresentare a sua S^tà li sentimenti della protesta della quale V. M^tà Ces^a riceverà quj annessa copia; sua S^tà doppo hauerlo per vn poco ascoltato l'interroppe più volte con ordinargli che tacesse, poi che il car.^l ripigliaua il discorso per finirlo; egli domando come parlaua o come amb^re o come car.^le dicendo che s'egli parlaua come amb^re non era quello il luogo douendo essere audienze priuate in camera: se come car.^le non poteua ne doueua parlare se non richiesto da S. S^tà Anco il car.^le S. Honofrio disse aciò alcune parole per fare che Borgia tacesse, replicando però Borgia, che parlaua jn quel logho per ordine del suo re, uoleua finire dj dire quanto si era proposto; ma non essendo gli permesso da S. S^tà poiche si leuò in piedj per andarsene, Borgia soggiunse che gia che egli non poteua parlare, **haurebbe lasciato che parlasse per luj il foglio, ch' haueua in mano della protesta sudetta con darla a S. S**^{tà}, et vn' altra simile a ciaschedun car^{le} capo d'ordine; e quj finj il concistoro. Di tutto ciò m' ha mandato **a dar parte Borgia con la copia della medesima protesta;** staremo hora attendendo quello che seguirà e ne daro conto a V. M^{tà} Ces^a alli car^{li} Spagnuoli fra li altre cose e dispiacciuto che S. S^{tà} habbia ricusato d'essere il promotore della lega auuisata. Dio N. S. guardi V. M^{tà} Ces^a con ogni augumento di felicità e di gloria. Roma li 8. Marzo 1632.

  Di V. M^{tà} Ces^a

    humilissimo e obligatissimo seruitore
      Paolo Sauello mp.

(Staatsarchiv Wien.)

X.

Der kaiserliche Botschafter an den Kaiser.

Rom, 13. März 1632.

Sacra cesarea maiestà.

Doppo hauer presentato il duca Federico mio fratello le lettere dj V. M^{tà} Ces. alli car^{li} ai quali si e compiacciuta di scriuere che tuttj hanno passati i loro officj et hauer fatto anco alcune diligenze che si stimarono necessarie col mezo dj ministrj dj palazzo. Martedj passato fù dal car.l Barberino per operare nuouamente seco che fauorisse per il buon successo il car.l Barberino entrò subito a dolersi di quanto haueua fatto il car.l Borgia nel concistorio di Lunedj, come significo a parte a V. M.tà Ces. Dicendo che questi termini de gli Spagnuoli erano violenti e che più tosto alienauano che ben disponessero l'animo di S. S. Allegando poi l'impotenza di S. S. soggiunse che non sapeua quel che si fosse potuto fare, ma che il duca douesse andare all' audienza di S. S. del Venerdj, che fù hierj che haurebbe hauuto la risolutione da S. S. con la quale non haurebbe egli mancato tuttauia di fare ogni opera per il fine che si desideraua. Fù peró il duca hiermattina all' audienza e strinse S. S. con ogni più viua et efficace ragione per l'intento. S. S. medesima entrò a far doglianza del car.l Borgia con dir nel rimanente di non poter dar più di quel c' haueua destinato ogni mese per gl' ajuti: non restò il duca di fare a S. S. duplicate e triplicate risposte essaggerando reiteratamente li bisogni grauissimj della religione catolica in Germania la conuenienza et il debito che ne haueua S. S. tutto con premura e sentimento straordinario non mutandosi il pontifice soggiunse che haurebbe rappresentato il suo nuntio in corte cesarea a V. M.tà Ces. l'impossibilità d'ogn' altra ragione dj S. S. senza volersene dichiarare segno che non uoleua che gli fosse replicato come si sarebbe quando l'hauesse detto e con questa risolutione se n'uscj il duca Federigo tutto s'e communicato col car.l Borgia e non restando luogo dj sperar d'auantaggio di presente s'e pensato che il duca deponga l'ambascieria come farà in breue vi e che pensa che S. S. voglia aspettare il car¹ Pazman per risoluersi allhora a dar maggiori ajuti e ciò per renderselo beneuolo per molti rispetti e particol^{te} per quello della prefettura. Piaccia a dio che cosi sia come alhora io procurarò vnitamente col car¹ et inanzi alla sua venuta incessantemente con ogni ardore e spirito. Per la negotiatione del duca Federigo qui si sono hauute due male congiunture vna de rumorj con Venetianj e l'altra del accidente di Cerbia. Tutti di questa casa restiamo con infinita amaritudine d'animo che con quanta forza si sia fatta da noj non sia stato possibile di fare in cio il seruitio di V. M^{tà} Ces. come per quel che spetta a noj saremo paratissimi sempre col impiego delle fortune del sangue e della vita.

Quel che ha ottenuto il duca da S. S. è che darà qualche numero d'armature per servitio degli esserciti di V. M^{tà} Ces. si saprà precisamente per auuisarne V. M^{tà} Ces.

S. S. disse al duca che voleua spedir nuncij per consiliar gli animi di V. M^{tà} Ces. del rè di Spagna et Franza per togliere le gelosie. Replicò il duca che questo non era se non bene ma non il remedio presentaneo che ricercavano le necessità pur troppo grandi et vrgenti della religione.

Si è data anco parte à S. S. della venuta del car¹ Pazman Rispose S. S. che l'haurebbe visto (e) sentito volontieri poiche la lega le piace farà il possibile perche si stabilisca. Qui deuo soggiungere che l'amb^{r} del granduca ha hauuto risposta dal gran duca che e che non vuole ingerirsi della lega quanto al promouerla dicendo essere negotio che tocca a S. S. ma che rappresenta bene che douranno vnirsi tutti li prencipi d'Italia per soccorrere la Germania e tanto ha riferto l'ambasciator a S. S. Dio N. S. guardi V. M^{tà} Ces. con ogni augumento di felicità e di gloria. Roma li 13 Marzo 1632.

D. V. M^{tà} Ces.
humilissimo e obligatissimo seruitore
Paolo Savello.

(Staatsarchiv Wien. Romana.)

XI.

Bericht aus Rom nach Modena, März 1632.

Questi Car^{li} spagnoli li giorni passati domandorono à S. S. sopra le presenti occurrenze, un' audienza particolare per loro unitamente; le fu negata del Papa, esibendola a ciascheduno in part^{re}; fecero Cons^o fra di loro, et risolsero chel s^r Car^{le} Borgia nel futuro Concistoro ne ragionasse publicamente. Così Lunedi p. 8 di marzo nel Con^{ro}, doppo haver il Car^{le} Borgia proposto alcune Chiese, cominciò l'alligata protesta, quando arrivò al particolare Et ad huc S. V. cunctatur S. S^{tà} alteratasi li disse che tacesse, et che se parlava come Am^{ore} del Re Catt^{co} domandasse Aud^a separat^{te}: che glie l'haverebbe concessa, et l'havrebbe ascoltato benignamente come haveva fatto per il passato, se come Car^le non haveva bisogno del suo Cons° se non quando lo ricercava. Rispose Borgia ciò dire per commandam^to del suo Ré; replicò il Papa che mostrasse l'ordine regio, al che rispose il Car^le Borgia, come esso haveva domandato l'aud^a per esplicar la mente del Rè che gli era stata negata; gli era stata negata disse il Papa, perche li haveva domandata insieme con gli altri Car^li spagnoli; Borgia volendo seguitare a dire la protesta, il Papa li disse, aut tace, aut exis foras, et vedendo che Borgia seguitava si mosse il Car^l Capucino ch' ando da Borgia, e presolo per un braccio lo violentava ad uscire, nel che si vide un gran bisbiglio. Il Car^le Colonna averti Borgia che in quella maniera non faceva il servitio di S. M^tà, et da esso li fu risposto, quomodo non vocatus loqueris; in questo mentre il Car^le Albornoz deridendo li attioni del Car^le Capucino disse Emin^mi Dni non miramini quod Car^lis. Capucinus est acerrimus fidei Catt^cae deffensor; nelche accressendo il bisbiglio S. S^tà disse più volte ad loca, ne per questo quietandosi il Papa voleva suonar il Campanello, ne toccandolo il Car^le Colonna alzatosi glie lo porse, et suonato entrorno dentro i Custodi del Con^ro con che si diede fine al rumore, sedato il tutto, et usciti li sud^i Custodi, Borgia disse, gia che V. S. non permette ch' io parli, al meno si compiacia di pigliar in scritto ciò ch' ero per dire. Il Papa disse che glie lo portasse, et lui si accostò et glielo diede, et non fu in tempo il Car^le Barberino di dire al Papa che non lo pigliasse. Si seguitorono poi le proposit^ni con che si diède fine al Con^ro.

Fù osservato chel Car^de Ant° divenne palido, chel Pio per colera ruppe gli occhiali, ne si sa se la colera procede dal veder che non fusse successo mag^r fracasso di quello, che desiderava, o dal veder Borgia humiliato. Questa protesta vogliono sia stata composta dal Car^le Ubaldino. Li Car^li ch'erano consapevoli di qsto fatto oltre li Spag^li erano, Borghese, Ludovisio che non ci intervenero per causa della podagra, Vbaldino, Pio il quale venne al Con^ro molto tardi, Bentivoglio e Scaglia; finito il Con^ro il Car^le Spada solo andò ad offerirsi a Barberino. Nel med^mo giorno di lunedi S. S^tà spedì Corr^e in Spagna.

Giovedi sendo congregat^e del S^to Off^io avanti S. S^tà v'intervenne al solito il Car^le Borgia, disse il Papa publicamente non doveressimo ammettere il Car^le Borgia in questa Congr^ne essendo incorso in diverse censure, ma per l'affetione 'che portiamo al Rè chiudiamo gli occhi; ma non per questo intendiamo di assolverlo dalle dette Censure. Borgia domandò licenza al Papa di potere ciò scriver in Spagna. Il Papa rispose, che se ne contentava, et che a quest' effetto glie lo haveva detto in publico.

(Staatsarchiv Modena.)

XII.

Bericht aus Rom nach Modena.

Relatione.

Alli 22 di Genaro del pr. a. 1632 comparve lo straordinario dì S. M^{tà} al Sig^r Card^l Borgia suo Amb^{re}, et egli dette conto subito alli S^{ri} Card^{li} Sandoval, Spinola, et Albornotio dell' ordine ricevuto, e tutti insieme, e ciascuno da per se fecero la diligenza con S. S^{tà} e col Sr Card^l Barberini conforme all' ordine, e vedendo che non si pigliava rissolutione doppo l' haver sollicitato per molti giorni il negotio, e rappresentato la necessita di Germania, determinarono nella Congregazione che si faceva molto spesso che S. S^{tà} dasse a tutti li Card^{li} Spagnuoli audienza, e giontamente al Card^l Borghese e Ludovisio come protectori l'uno d'Alemagna, e l'altro della lega Cattholica, et al Prencipe Savelli Amb^{re} della M^{tà} Cesarea, alli quali consegnò prima il Sig^r Card^l Borgia lettere di S. M^{tà}, e ciascuno di loro le riveri, e le pose sopra la testa, offerendosi a tutto quello che S. M^{tà} commandava; Quest' Udienza non si possete ottenere per quanto sforzo che se ne fece, negandolo sempre S. S^{tà} col dire che non era necessario, ch'ella soccorrerebbe Cesare in quest' occasione con quello che potesse; e veduta la dilatione che in essa ci era, e che non si poteva conseguire l'intento desiderato secondo l'ordine che era stato inviato al Sig.r Card.l Borgia, determino d.to Sig.r Card.le di rispedire lo straordinario per assicurar meglio il Papa, con ordine che aspettasse in Genova nuovi dispacci, come lo spedi alli 2 di marzo; e cosi possette maggiormente conseguire l'intento alli 8 del med.mo in Concistoro avanti tutto il Coll.io de' Card.li; e fece la protesta che invio, in questa forma. Doppo l'haver finito di proporre il Car.l Borgia le chiese vacanti di Spagna dimandò licenza col dovuto rispetto per parlare, e comincio l'oratione, e fece a S. S.tà in nome di S. M.tà la protesta; et arrivando alle parole che dicono, et adhuc S. V. cunctatur, le disse, che tacesse, e volendo proseguire avanti, torno la seconda volta a dire che tacesse; et all'hora il Card.le S. Onofrio Cappucino s'alzò dal suo luogo, et andò verso il Card.l Borgia un poco colerico, et ancorche il Card.l Borgia non lo nottasse, dicono molti, che arrivò a darle di mano su le veste, per impedire che non parlasse, et in quel punto si rizzò il Card.l Sandoval, e s'accosto al Cappucino dicendo, che quelle parole non erano da dirsi a un Card.l Borgia. Su che si levorono su il Card.l Bentivogli, e Scaglia, e ciascuno tirò da banda il suo; volendo ritornare per la terza volta a proseguire l'Oratione, repetendo quelle parole, et adhuc cunctatur, tornò il Papa a dire che tacesse e li dicesse, come parlava; le rispose che come Amb.re del Rè Catt.co come protettore di Spagna, e come Card.l Borgia per la causa di Dio: A che rispose il Papa, che quello non era luogo d'Amb.re; et in quello passò a dire il Card.l Colonna l'istesso della S. S.; al quale rispose il Card.l Borgia che causa lo moveva a parlare, che quivi non era più d'un Padrone; Il Papa rispose, può parlare; Replicò Borgia, Basta solo V. S., et dicendo questo bacciò la protesta che haveva in mano, porgendola al Papa, soggiongendo che quella carta parlarebbe per lui, poichè non le dava commodità, Conche se ne ritorno a suo luogho; E finito il Con^{ro} presentò tre copie ai capi d'ordini dicendo a tutti quelli che quivi si trovorono ciò che conteneva la protesta, la qual attione fù molto ben ricevuta, e lodata, imparticolare con alta voce dai Card^{li} Aldobrandino, et Ubaldino, solo il Card^l Colonna usci a parlare, dando segni della sua volontà, o poca capacità dicendo che in quella maniera non si faceva il servitio di S. M^{tà}; in che se li dettero orrecchie sorde, e per risposta le voltò il Card^l Borgia le spalle, uscendo dalla Sala del Con^{ro} in compagnia del Card^l Scaglia, che si mostrò molto accorto nel servitio di S. M., come fecero diversi altri secondo le loro dipendenze; E cosi passerò avanti con la mia relatione raccontando il secondo incontro che avvenne Giovedi giorno d'Inquisitione alli 11 del med^{mo} con S. S. che disse al Card^{le} quanto mal^{te} le haveva pagato sempre la buona volontà, ch' ella li haveva portata et che li haveva mostrata in diverse occasioni, princip^{te} in quella della Valtellina, quando richiese il donativo, ch'egli contradisse, et che se ella all' hora l'havesse castigato, non havrebbe egli fatto ne intentato tante cose contra di essa; a questo rispose Borgia, ch'egli era stato il primo a prometterle l'haver suo, ma intendendo dal Conte di Monterei Amb^{re} di S. M. Catt^{ca} l'intento della S^{tà} Sua disse a molti la sicurezza con la quale si poteva stare in Roma, et in tutta Italia, dove si ritrovavano le armi dell' Imperatore e del Rè; e con questo finì il suo raggionamento.

(Staatsarchiv Modena.
Avvisi e Notizie dall Estero.)

XIII.
Sitzungsprotocoll des römischen Gemeinderats, 19. 22. April 1632.

19. Aprile 1633.

Consilium secretum etc.

Habita notitia per P. Romanum de vehementi Instantia, quae quotidie fit S.^{mo} D. N^{ro}. extrahendi pecunias ex Castro S^{ti} Angeli, illasque ad extraneos transmittendi in maximum hujus Almae Urbis detrimentum; ea de re ex S. C. decretum est, quod in consilio Publico eligantur octo nobiles ab Ill^{mis} Dominis Conservatoribus nominandi, qui una cum eisdem conservatoribus Priore, et advocato adeant S^{mum} D. N. eique populi Romani nomine instantissime supplicent, ne ulla pecuniarum summa ex dicto castro S^{ti} Angeli extrahi permittat, immo illas perpetuo pro urgentibus hujus Almae urbis et sanctae Sedis Ap^{cae} necessitatibus in d°. castro S^{ti} Angeli conservari, et custodiri jubeat, pro quibus praecipue a f. r. Sixto Papa V. congestae et in Castro praefato repositae fuerunt.

22. Aprilis 1632.

nominati fuerunt infrascripti Nobiles VIII.

> Laurentius Alterius
> Hieronymus Cincius
> Alexander Caetanus
> Vincentius Mutus
> Augustinus Maffaeius
> Jacobus Avila
> Horatius Speculus
> Theodorus Buccapadulius.

(Geh. Archiv des Capitol. Decreti di Consiglio.)

XIV.

Der Kurfürst Maximilian an den Cardinal Barberini, 29. März 1629. (Entwurf.)

Non è cosa, che maggiormente Jo ambisca che l'incontrare il gusto, et il servitio della S.ta di N. S., in conformità di che, havendo la settimana passata inteso dal Crivelli il bisogno et desiderio ch'ella hà di essere provista di un Tenente Generale ne presenti moti, gli feci in risposta rappresentare la scarsezza de suggetti cosi eminenti, in queste nostre parti e la mortificatione che io sentivo nel corrisponder alla benig.ma confidenza della S. Sa.

Hora che V. S. Ill.ma di nuovo me ne fà instanza

con sue de X.ª mi conviene di nuovo confessare il mancamento di simili soggietti da commando, havendone e consumati alcuni la guerra di tanti anni e privatomene di altri il Generale dell' Imp.ᵣₑ Duca di Fridland,[1] mezo tra gli altri artificij trovato per minare l'armata della Liga cattolica. Si che il Conte de Tilli si lamenta di havere pochi, che gli assistano alle fatiche, restringendosi in effetto il numero loro a quelli che V. S. Ill.ᵐᵃ vedrà notati nella aggiunta lista, dalla quale apparendo manifestamente il mancamento, so che non mancherano suggetti d'eminenza alla S. S. de suoi proprii vassalli che hanno la cognitione dello stato dove hanno d'esser impiegate l'armi, pratica del paese, della natione e della lingua et altre parti delle quali altri non ne possono haver l'esperienza se non con longezza di tempo, onde prego V. S. Ill.ᵐᵃ a farlo constare a N. S. con renderlo certo, che in cose che dipendono dalle mie forze, ella non è per havere servitore ne più divoto, ne più puntuale di me.

Lista de gli Ufficiali Generali della Armata Cattolica dell' Imperio.

Il Tenente Generale ch' è il Conte di Tillj, Vassallo altrimente del Re Catt.ᶜᵒ Di questo non si crede, che Nro. Sig.ᵣₑ intenda di trattare perchè levato lui l'armata resterebbe senza Capo.

---

[1] Ausgestrichen ist hier im Entwurf folgendes: tirati con artificio alla sua Armata, probabilmente a fine di ruinare affatto la mia, come studia di fare per tutte le vie, et in particolare col levargli que' quartieri chel puo; onde ne rimane questa armata molto mal provista d'ufficiali di pezza.

Mastro di Campo Generale è il Conte di Anholt Majordomo Magg^re del Ser^mo Arciduca Leopoldo, et suo Vicegover^re nell' Alsatia. questo si vuol ritirare dal mestiero della guerra.

Generale dell' Artigleria è il Conte di Pappenheim, hà beni, et entrate nella Bohemia, è stato Governator dell' armi del Re Catt^co nella Valtellina, Cav^re giovane: et partendosene il M^ro di Campo Gnāle, il Conte di Tilli non hà altro di chi potersi servire in caso d'haversi a separare l'Armi.

Sergente Generale della Cavalleria è il Colonn^o Lintoldo, hà una signoria in Bohemia, si ritira ancor lui da questo carico- a Casa: non è titolato, nè per un tanto commando. L'ufficio di Sergente Generale dell' Infanteria non si trova per ancora provisto.[1]

(Staatsarchiv München.
Crivelli Corrispondenza di Roma. 1629.)

[1] Eine noch genauere Liste der Generale und Obersten gibt der kurfürstliche Rat Aurelo Gigli in seinem Brief an den Residenten Crivelli in Rom, München, 19. April 1629.

XV.

Der Kurfürst Maximilian an den Cardinal Barberini, 19. Octbr. 1632.

(Am Rande: „abgegangen den 19. Oct. 1632 —.")

Con quanta crudeltà et rigore il Rè di Suecia habbia trattato li mesi passati la Bav.ª et li sudditi d'essa, V. E. ha già havuto informatione a pieno. Non gli bastava di metter ogni cosa a ferro, et fuoco, far tagliar a pezzi li poveri sudditi innocenti, senza haver rispetto ne al sesso, ne al' età, la sua rabbia anco ch' egli ha contra la Rel. Catt.ca viene a tal segno, che comminciò a incrudelire contra le chiese et cose sacre, commettendo li suoi soldati in molti luoghi cose essecrabili et tutto qs.to in presenza dell Amb.re del Re X$\overline{pmo}$. Mons. de S. Etienne Cognato del Pre. Gioseppe, che si trovò all' hora in Monaco, il quale ne può far testimonianza di quanto e passato. Et sebene il d.o Re di Suecia all' apparenza habbia proceduto a Monaco con le chiese et religiosi con più dolcezza, non si può però attribuire q.to ne alla sua natura tutta volta a ruinare la S.ta fede catt.ca, come il tempo lo mostrerà ne alli buoni officii dell' Amb.re di Francia, mà al solo interesse et denaro col haver costretto et sforzato li poveri cittadini di Monaco di riscuotere con una somma eccessiva di 300 m scudi se stessi, le Chiese et li Religiosi, ch' altrimente minacciava di distruggerli col fuoco et ferro.

Jo veram.te all' hora ch' il Sueco comminciò mover

le sue arme mi prometteva, in virtù dell' Alleanza fatta con Francia, più favore et ajuto dal Re Xp͞mo et suoi Ministri, che havrebbono facilmente potuto, se non divertire affatto le arme del d.o Rè di Suecia dal mio stato, almanco l'havrebbono necessitato di procedere con più rispetto, et magg.re dolcezza con li poveri sudditi.

Mons.r de S.t Etienne, che si trovava, com' è detto a Monaco per non haver lettere di credenza non era in nessuna consideratione, et per q.to rispetto suoi officii erano più tosto domagevoli che altrimente alli sudditi. Mons.r de Charnasse, il quale era Amb.re destinato appresso al Re di Suecia, si tratteneva come spettatore otioso a Magonza parendo a molti che lo facesse per ord.e et che si pigliasse piacere et gusto di veder rovinare un Principe Catt.co loro confederato, et se bene poi per mezzo del Mons.r Nuncio in Francia li Ministri di Francia si volevano scusare del non haver mandato Persona espressa al Re di Suecia, con dire, che le Gazzette li havevano assecurato dell' accordo passato fra me et il Sueco per mezzo di Mons.r de St. Etienne, ma questa scusa è tanto frivola che V. Em.a stessa cognosce facil.te con che termine si procede meco, et quel ch' Jo posso promettermi all' avvenire perchè in tanto tempo che 'l Nemico si trattenne in Bav.ar dove è stato due mesi intieri, hanno havuto ogni settimana avviso, come M. di Charnasse non havea mancato di avvisarli di quanto passava, et quando ben fosse stato passato accordo fra me et il Sueco, n' haverebbono havuto avviso, non per le gazzette, ma per un Corriero espresso, et come s'è detto prima, Jo non posso imaginarmi, ch' in Francia non habbino havuto piacere di vedere la mia ruina, et lascia ancora sospetto, ch' il Sueco sia stato consapevole dell' intentione francese et per q.to proceduto nella maniera come ha fatto.

Jo non mi son lasciato indurre ne leggiermente ne facilmente ad entrare in q.ta confederatione con Francia, et havria tenuto il negotio ancora più tempo in sospeso, se 'l S.or Card. de Bagni non fosse stato mezzano et m' havesse premuto tanto d'accettare la Confederatione assecurandomi non sol.te della sincerità dell' intentione delli Ministri Regii, mà che trattava q.ta allianza con saputa et approbatione di S. S.tà et di V. E., come ne fanno fede li lettere del d.o Sig.r Card.le scritte a. V. E., copie delle quali sono a Brusselles. Questa consideratione ha prevaluto tanto, ch' io confidato nelle promesse di Francia, et auttorità di S. S.tà et di V. Em.a ho voluto postporre il disgusto, che la casa d'Austria ne ha conceputo, dalla quale non posso più aspettare quella corrispondenza nè ajuti che altrim.te me n' havria potuto promettere oltre che questo modo di procedere sarà causa, che altri Prencipi anderanno più ritenuti ne' trattati con Francia vedendomi abbandonato nel magg.re bisogno, et quasi esposto alla rabbia et tirannia del Sueco.

Jo confido tanto nella bontà di V. Em.a che mi perdonerà volontieri questa libertà, della quale mi servo di dirle li miei sensi, et aprirle il mio cuore. Che havendo per lettere et per persone mandate in Francia, pregato instantemente il Rè Christ.mo et lì suoi Ministri, d'interporre lor auttorità et procurare alla povera Germania una pace universale, mi fu risposto sempre, che Francia non desiderava altro, et che faceva ogni instanza appo il Sueco per indurlo à questa, ma lo trovava tanto duro et ostinato, che non vi voleva intendere, ma solamente domandava la Neutralità meco, all esclusione dell' Imp.re e delli altri Pn͞pi et Vescovi, che già erano depossessati. Non era difficile indovinare il dissegno del Sueco ò di qualsivoglia altro, che q.ta Neutralità voleva procurare ciò è rovinare prima l'Imp.re et poi distruggermi et li altri, et subvertire tutto l'Imp.o il che non poteva fare senza l'esterminio della Rel.e Catt.ca, et Jo confesso d'essere stato lungo tempo in q.to errore, che la Neutralità veniva proposta dal Sueco sin a tanto, che 'l d.o Rè disse liberam.te ad uno delli miei consiglieri, ch' egli non era auttore, ma li francesi ch' egli haveva ben desiderato di far la pace a parte meco (non facendo all' hora mentione dell' Imp.re) ma pochi giorni sono il suo gran Cancell.re s'aperse all' istesso Cons.re mio, un poco più, non ributtandone ne anco la pace col Imp.re, et per magg.r chiarezza et confirmatione di questo, un certo Amb.re di Francia, M. de la Grange Hughenotto, mandato dal Re X͞p͞mo in Germ.ia per procurare, com' egli dice, il bene et avantaggio della Rel. Catt.ca et della Casa mia, m' ha detto et confessato liberam.te d'haver ord.e d'impedir et attraversare ogni trattato o propositione di Pace universale in Ger.ia, mà ancora l'ha confirmato doppo in presenza del Cancell.re di Suecia al soprad.o Cons.r mio, al q.e ha mostrato una lettera di Mons.r de Charnasse dell' ultimo d'Agosto, che in virtù dell' commandam.to regio gli commandava di star con l'occhio aperto, quando si volesse far qualche Pace universale et doverla impedire in ogni maniera.

Da q.to V. E. può venire in cognitione facilmente dell' intentione, et s'è vero quel che il Padre Gioseppe spesse volte scrisse, et n'assicura V. E. che Francia non desidera altro che la Pace univ.le in Alemagna, et ch' egli la procura con ogni suo potere, ma il contrario appare assai, et il Sueco et li suoi Ministri ne lodano il d.o Patre grandem.te et lo stimano molto per li buoni officij, che lor rende nella Corte di Francia. Il mutar poi tante volte li Ministri in Alemagna, mandando hora un Cattholico, hora un Heretico rende q.te negotiationi molto sospette, oltre che pare interessato l'honore, la riputatione, et la conscienza del Rè Christ.mo, di voler per mezzo di persone heretiche trattare l'interesse et avanzamento della fede Catt.ca sapendosi l'intentione e la rabbia di q.ta gente, et che procedono ne' simili negotiationi con li Catt.ci con doppiezza et simulatione alla rovina di quelli, che si fidano.

Adesso il Sueco ha voltato di nuovo le sue arme contra la Bav.ra, minacciando di metter il resto a ferro et fuoco, rovinare et abbruggiare principal.te la città di Monaco. Jo son impegnato in queste parti di Franconia, senza poter venir à tempo, a soccorrere il mio stato, et non posso sperare nulla dell' Amb.re francese, che si trattiene tutta via à Norimberg per approvare quasi con la sua persona tutte le hostilità, chel Sueco fa per rovinare li Catt.ci et estirpare la Rel.e A tanti mali non vedo ne spero rimedio alcuno, se S. S.tà non interpone efficacem.te sua auttorità, o per la riconciliatione delle due Corone dalle quali depende il riposo univer.le della Christianità, o per disporre il Re Chris.mo a procurare realm.te la pace in Germania, et per mezzo di q.to salvare la Rel. Catt.ca ch' altrim.te sarà poco a poco esterminata senza che 'l Re X̄p̄m̄o possa poi rimediare: il partito che il Re Chr.mo et gli suoi Ministri hanno proposto, cioè la Neutralità, o, la sospensione d'armi, é tale, ch' io con honore, reputatione et salva conscienza non lo posso accettare, perchè la guerra saria continuata, il Sueco resteria in possesso di tutti li stati tolti alli Catt.ci et Jo saria costretto d'abbandonare tutti li mei Collegati: anzi voglio sperare che Francia mi darà l'assistenza conforme il trattato della allianza, facendo sborsar, quanto prima il denaro esortando ancora efficac.te il Sueco di non usar questa crudelta nel mio stato anzi disporlo ad una pace generale della quale il Sueco non s'allontana purchè Francia la volesse favorire, et non attraversare: tutto qu.to Jo raccommando alla affettione che V. Em.a ha sempre mostrato verso di me et la Casa mia et son sicuro, che V. E. conforme suo zelo, s'impiegherà volontieri appo S. S.tà per far commovere il Re Chr.mo et suoi Ministri à compassione delli Catt.ci et la Rel.e in Germ.ia la quale conserverà sempre la memoria di tanto beneficio ricevuto da V. E. et Jo in particolare resterò oblig.mo per sempre.

(Ohne Datum noch Unterschrift.)

(Staatsarchiv München,
Crivelli Corrispondenza di Roma.)

XVI.

Urban VIII. an Wallenstein.

Rom, 15. Juni 1632.

Valestein Duci Meckelburgi.

Vrbanus Papa VIII.

Dilecte fili nobilis Vir salutem etc. extulit Nobilitas tua gladium haeritici sanguinis sitientem atque eum esse fulmen divinae ultionis profligata coepit Impietas experiri. Grande nomini tuo decus additur, quod historiae monumentis consignatum perfruatur famae plausu sempiterno. Pragam receptam potest Roma tibi gratulari, qui vix armasti manus lavandas sanguine peccatorum. Haec victoria, quae novi belli rudimentum fuit, habetur perfecti triumphi auspicium. Benedicimus tibi Nobilis vir, cupientes ductu nobilitatis tuae Germaniam calamitate et formidine liberari. Triumphabis in benedictionibus ecclesiae, et fortitudinem tanti Ducis esse hastam fulgurantis coeli fatebitur Europa. Tantum electo Imperatori gaudium, tantum optanti ecclesiae beneficium ab omnipotenti bellatore, semper petent orationes Pontificis faventes nobilitati tuae, cui paternam benedictionem peramanter impartimur. Datum Romae ap. Sanctam Mariam die 15. Junij 1632. Anno Pont. nri. Nono.

(Staatsarchiv Modena.)

XVII.

Bericht aus Rom nach Modena.

14. Agosto 1632.

Il Card.l Borgia Dom.ca p. alle 13 hore andò all' Audienza del Papa, come Ambas.re ordinario con seguito di settanta Carrozze. Stette un' hora da S. B.ne, e poi se ne tornò trionfante a Casa.

La Corte applaude a Borgia con modi singolari, perchè attacca col Papa più d'una pugna, e tutte le vince. Non si credeva mai, che S. B.nel fosse per recedere dalle dichiarationi fatte publicamente di non volerlo sentire come Ambas.re e di non volerli dare Audienza, se non doppo le Congregazioni, e nei Concistori. E pure con gli occhi habbiamo veduto assignata a Borgia una giornata propria per trattare come Ambas.re li negotij della M.ta Cattholica.

La mutatione del Papa viene ascritta al Card.l Barberini, il quale desiderosissimo di stringersi con gli Spagnuoli per gl' Interessi suoi proprij, e della sua Casa, procura di rimovere N. S. da quei pensieri, che possono condurlo a rottura inevitabile con la Casa d'Austria.

E Barberini sta cosi fermo in questa massima, che in quest' occasione ha havuto contrasti molto gagliardi col Papa, et ha sudato sangue a guadagnarlo; Anzi si è sdegnato col Card.l Antonio, perchè contrariava alla sua intentione, e teneva stabile S. B.ne nella prima rissolutione; essendo stati sempre li sentimenti di Antonio molto rigorosi contra Borgia nelle materie, che sono passate dalla protesta in quà.

Dicono a Palazzo, che Borgia non conseguisse intieramente il suo intento, mentre non và all' Audienza di S. B^{ne} il giorno del Sabbato, che dovrebbe toccarli secondo il solito servato con gli altri Ambas^{ri} del Rè Cattholico ma risponde bravamente Borgia, che per lui è più honorevole l'havere una giornata separata dagli altri ministri de' Prencipi, et che in questa maniera dalla sua persona sola viene segnalata la mattina, nella quale va a parlare a N. S.

Entrato che fù Borgia da S. B^{ne} diede principio ad essagerare contra di lui, chiamandolo ingrato, e sconoscente dei beneficij ricevuti, e mostrandole, che doppo l'offesa, che le haveva fatta in Concistoro, le sue parti secondo il dovere erano di ritirarsi dalla Corte, e non di comparirli avanti. Che a lui non mancarebbero modi da mortificarlo, ma che portava rispetto al Rè, et che non voleva rompere il commertio, et aggionse mille altre lamentationi, che le furono soggerite dalla passione, e dalla sua eloquenza; Fu prontissimo il Card^l Borgia in sentire tutto quello, che le disse, e da poi con molta flemma le rispose; Ch' egli era huomo gratissimo, che non si scordarebbe mai delle gratie ricevute da S. B^{ne}, et che come Card^l Borgia spenderebbe la vita, et il sangue per la Sta Sua, et per servitio della sua Casa; ma che sua B^{ne} si doleva di Lui ingiustamente per quello, che haveva operato, come Ministro del suo Rè, e di suo commandamento. Volendo ogni raggione, che di ciò la Sta Sua dovesse trattarne col Rè dalle cui mani era venuta la commissione. Et in questo punto vogliono molti, che per giustificare la M^{ta} del Rè Borgia leggesse un foglio che conteneva tutte le ingiurie riportate da N. S. doppo la sua assontione, le quali gravano con modi insoliti la Corona di Spagna. Sopra di che fù assai, che dire per una parte e per l'altra.

Fù tralasciata la querela che dovè farsi contra il Card¹ Sant' Onofrio per quello, che haveva usato in Concistoro della protesta, perchè Borgia con la sua prudenza è arrivato a conoscere, che non era punto da toccare, et che non importava in conto alcuno alla somma delle cose.

Tre Car^{li} mandarono Carrozze e gentilhuomini al Corteggio di Borgia e furono Scaglia, Pio e Ginnasio. Quanto al primo non si considera l'attione, poichè è solito di farlo sempre, come dipendente, e beneficato dalla Corona di Spagna. Di Pio non se ne parla, perchè non ha pretensioni, e perchè vuole stare unito con gli Spagnuoli. Ginnasio sì che commosse gran meraviglia in tutti; perchè vivendo a se medesimo et essendo in stato da poter pretendere il Pontificato, non si sà vedere la cagione, che l'induchi a perdere senza proposito l'affetto del Card¹ Barberini.

Non parlò Borgia l'istesso giorno a Barberini, perchè questi, per non ascoltarlo, prese volontieri l'occasione di andare a visitare le porte; Et il Lunedi seguente doppo il pranzo fù Sua Em^{ia} da Castel Rodrigo e dalla moglie, e vi si trattenne tutto il giorno; Il Marchese poi invitato da N. S. andò il giorno di S. Lorenzo da S. B^{ne}, e consummò tutta la mattina con la Sta sua, e con Barberini.

Questi honori dispensati verso il Marchese sono

molto ben considerati da Borgia, che conosce isquisitamente derivare dalla mano de' Padroni in onta sua e per farle dispetto; Anzi in un certo modo, per violentare indirettamente il Rè di Spagna a partirsi dalla sua determinazione di valersi di lui come Ambas.re ordinario; E però in cambio, che devono servire per introdurre una buona intelligenza frà il Papa, e la M.tà Cattholica più tosto partoriranno disunioni, e nel procurare l'aggiustamento è molto verisimile, che caschi totalmente dalla gratia del Rè, et che venga rimosso da Roma. Cosi discorrono i prudenti, che tengono per reale quella massima, che i negotij con la Corona di Spagna non siano mai per accomodarsi, se il Papa non riceve in gratia Borgia, et se non s'intende con lui.

Il camino che tengono questi Sig.ri di guadagnarsi Castello Rodrigo, et anche il Card.l Albornotio, ad effetto di conseguire in Spagna quello, che vogliono, è stato proposto da Tighetti, che fà l'Archimandrita di queste materie, et che professa di essere informato pienamente di tutti gli humori che sono in Spagna, et in Roma, e perciò egli ogni di è dal Marchese, et dal Card.l Albornotio, ma voglia Iddio, che habbia detta buona via, et che non habbia da essere Instrumento di maggiori rotture con danno del Marchese e di Albornotio. Fù scritto l'ordinario passato, che il Duca Caietani era stato trattato dal Prefetto del pari nella visita, che haveva fatta; hora si aggiunge, che il Card.l Caietano pretende di aver vinta la pugna con guadagno straordinario, perchè sempre è stato escluso dall'honore, che desiderava, e come Grande di Spagna, e come Nepote; posciache il Grandato non si ha in consideratione dal Prefetto e non essendo il Duca Nepote di Papa, che sia stato vivo a giorni suoi, come Borghese, e Ludovisio, l'essempio allegato di costoro non le suffragava. Dice adonque il Card.l Caietani, se mio fratello non poteva pretendere l'uguaglianza con D. Taddeo, ne come Grande di Spagna, ne come Nepote di Papa, l'ha ottenuta come Duca di Sermoneta, e come Capo della mia Casa; e cosi viene ad essere totalmente uguale col Contestabile, che si tratta del pari col Prefetto, in risguardo delle prerogative, che le convengono, come Capo della Casa Colonna, senza considerare in lui il Grandato, e la Nepotaria di Papa, che non servono, come si è detto di sopra.

Il Principe Savelli manda in Spagna il Manara, perchè riporti il Tosone del Padre, e perchè lo procuri per lui. Ha speranza ancora di succedere nelle pretensioni del Padre circa il Grandato, e farà ogni sforzo per conseguirlo.

Intanto Borgia invita il Card.le Savelli di venire a Roma, et li promette di farli transmettere dall'Imperatore le lettere credentiali, affinchè per modo di provisione porti col Papa li negotij di Sua Maesta Cesarea, e vorrebbe con quest' occasione assuefare gli occhi di Nostro Signore a vedere Card.li mescolati nei negotij delle Corone.

Nel resto si presente, che la intentione di Spagnuoli sia, che l'Imperatore mandi un' Ambasciatore Thedesco e almeno suddito, perchè secondo le occorrenze possi far testa, e bravare, e si offeriscono di darli provisione, ad effetto che mantenga la carica con riputatione. Mercori mattina il Sig^r Duca Altemps cedette Sipizzano al P. D. Taddeo insieme con tutte le raggioni, che haveva guadagnate dalli Creditori de' Baglioni, e pigliò il suo prezzo di 60^m scudi. Il ressiduo di 25^m scudi si conterra alli stessi Baglioni.

Altemps è tanto alterato per questa compra di Sipizzano, ch' è risolutissimo di non voler mai vendere al Sig^e D. Taddeo, il Casale di Sta Colomba posto nel territorio di Monterotondo.

Il Papa da martedi in quà si trattiene in letto per la Podagra, se bene molti dicono, che sia spetie di altro male. Non intervenne Giovedi alla Congregatione del Sant' Uffitio, et hieri mattina non diede Audienza se non all' Ambasd^{re} di Venetia, che fù da S. B^{ne} per la speditione delle Chiese, che sono vacanti nel Dominio della Repubblica.

Da Venetia è stato scritto a più d'uno che Valdastaim sia stato rotto dal Rè di Suetia, et in questi ultimi giorni della settimana non si è discorso d'altra cosa; perchè tutti li buoni restano afflitissimi della voce sola di nuova tant' horribile. Se bene fatti diversi calcoli con molta diligenza, e considerata l'importanza dell' avviso, che tocca tutta l'Europa, e tutta la Christianità, quei che hanno giuditio concludono, che sia mera vanita, e menzogna.

(Staatsarchiv Modena.
Avvisi e notizie dall' Estero.)

XVIII.

Der Cardinal Barberini an den Nuntius Bichi.

Rom, 11. Dec. 1632.

Habbiamo havuta la certezza della morte di Gustavo, la quale è stata udita da N. S. con quel giubilo, che V. S. può imaginare, vedendosi estinto quel serpente, che col suo veleno cercava di attossicare tutto il mondo. De' particolari della vittoria non sappiamo finora il netto, ma qualunque sià, sarà sempre di gran vantaggio la morte di un tanto fiero nemico della Religione e valoroso Capitano. Stimo che questo accidente muterà anche lo stato del negozio, e dubito che gli Spagnoli s'inalberino, et in Francia s'impegnino à non cedere, parendo loro, che ciò si faccia per paura della potenza degli Austriaci, e però apparterrà alla prudenza di V. S. e di Mons: Ceva il trovar modo di agevolare il negoziato con quei motivi, che à loro pareranno a proposito, perchè di qua non si possono suggerire per non sapersi qual alterazione farà in Francia quest' accidente. Pinarolo e l'aggiustamento degli affari dell' Imperio saranno li due scogli, dove può far naufragio questo negozio, e particolarmente nei tempi d'hoggi.

(Nicoletti V. c. 5.)

XIX.

Der herzogliche Agent Don Fulvio Testi an den Herzog von Modena.

Rom, 12. Januar 1633.

Ser^{mo} Principe
Per V. A. sola.

Ho scritto per altre mie a V. A. che il Vescovo d'Osma veniva di Spagna, e che s'aspettava quanto prima. Il medesimo le confermo con questa, soggiungendole di più ch' egli porta seco commissioni assai bizzare e aromatiche, e perche habbia da eseguirle con maggior prontezza e con più ardore S. M^{tà} gli hà dato un ajuto di costa di diecimila scudi d'oro. E veramente i Ss^{ri} Spagnoli hanno ragione di mandare a questa Corte qualche soggetto di vaglia perche le cose loro non ci camminano per troppo buon verso.

Il Marchese di Castel Rodrigo come nemico di Borgia aderisce grandemente a' Ss^{ri} Barberini, e sottomano cerca d'attraversare tutte le negoziazioni del Car^{le}. Borgia all' incontro non veggendo dalla parte di Spagna alcuna di quelle risoluzioni ch'erano necessarie per sostentare l'azione della Protesta già fatta in Concistoro, e stimandosi per ciò abbandonato, ha ricreduto, e dove prima entrò in concetto di huomo sodo e di gran petto, addesso per mille debolezze usate ha perduto il rispetto appresso a' Barberini, e 'l credito appresso agli altri.

Il Vescovo d'Osma viene per gl'interessi della dataria, intendendosi per cosa certa, che in Ispagna habbiano risoluto di levare tutti i soliti emolumenti, a questo Ufficio, cosa (se pur la fanno) che sarà l'ultimo esterminio di questa Corte, e che farà per sempre abbominevole la memoria del presente Pontificato. Nelle risposte che gli darà S. B.^{ne} proporra per quanto si penetra, di rimettere questa causa alla Rota, o ad un pieno Concistoro di Car^{li}; ma par' che i Ss^{ri} Spagnoli siano deliberati di farlo di fatti, e di potenza; et essendo loro stato accennato che il Papa leverà in tal caso alla Corona Catt^{ra} le decime che colà si esiggono de' Beni Eccles^{ci}, hanno replicato che anche di queste possono servirsi senza scrupolo, dovendosi quel danaro impiegare in sostenimento delle guerre che si fanno contra gli Eretici.

Si è motivato da questa banda un non sò che di scomunica, e da quella un non sò che di Concilio, tanto che i negozi pajono molto torbidi e ravviluppati: Le diffidenze sono reciproche, nè più resta luogo a connivenza ò a dissimulazione, perche dove la rottura è publica invalidi riescono gli artificii.

Il Papa di sua natura è più francese di qualsivoglia cittadino di Parigi. La passata prosperità delle armi Cristianissime l'indurarono in questa sua opinione. I cattivi successi di Fiandra e d'Alemagna gli hanno messa in poco concetto la potenza di Spagna: l'essere a se stesso consapevole d'havere conspirato alla rovina della casa d'Austria fà che le sià acerrimo nemico, perche l'assioma è chiaro che chi offende non perdona mai: Gli amori Francesi del Car.le Antonio fomentano le sue inclinazioni: l'aversione che mostra a Borgia il Car.le Barberino le corrobora di vantaggio: e finalmente gli avvisi della morte del Rè di Svezia, della rotta del campo nemico, e della fuga d'Orleans invece di farlo ravvedere il fanno arrabiare. In somma egli è perduto a segno che precipita ne' più solenni spropositi del mondo.

Ho cavato di bocca ad una persona di Palazzo che maneggia assai e che sà molto che S. S.tà ha fatto fare ultima.te gagliardissimi ufici nella Dieta di Polonia, perche fosse eletto Rè, non Vladislao com' è seguito (dubbitando che questi non si mariti con una figlia dell'Imp.re) mà Casimiro figlio d'un' altra Madre e non tanto affezionato alla Corte d'Austria.

E che ultim.te (cosa che mi fa strabiliare) per mezzo d'un tal Padre Giesuita habbia fatto esortare Fridland a congiugnersi con Francia, et a voltarsi contra l'Imp.r mettendogli innanzi la sicura speranza d'impadronirsi del tutto; Et infine ch'egli sia quello che fomenti le discordie tra esso Fridland e 'l Duca di Baviera.

Di queste cose gli Spagnoli medesimi sono molto bene informati, et io sò di certa scienza chè Saiavedra Agente del Rè Catt.co n'é stato avvisato.

La Protezione di Savoia che ha presa il Car.le Antonio come che lo dichiari inclinato al partito di Francia, dispiace ogli spagnoli, nè le cose, come ho detto, possono trovarsi in più torbido stato di quello in che si trovano. Con tutto ciò le differenze che presentemente passano tra S. S.tà e i Viniziani hanno data qualche speranza d'aggiustamento con gli Spagnoli, et alcuni hanno creduto di poterne introdurre formata negoziazione: mà nissuno che habbia la mente sana può credere che là pratica sià per riuscire, e se riuscirà saranno finzioni et apparenze, perchè tanto il Papa, quanto gli Spagnoli penseranno di valersi della dissimulazione per fare il fatto loro; e supposto pure che S. S.tà s'acqueti addesso, egli è impossibile che l'accordo tiri in lungo et habbia durata perche il suo animo è troppo alieno, troppo contrario a quella nazione: Anzi v'aggiungo che se gli Spagnoli pensano di poter fidarsi mai di questi Ss.ri bisognerà conchiudere che habbiano perduto omninamente il cervello; e se potendo essi alzare la testa non fanno qualche notabile dimostrazione, sappiano che in perpetuo, in eterno sono rovinati, et hanno perduto il credito a questa Corte.

Da tali premisse parmi che si possa conchiudere essere in tutto e per tutto pensiero vano, e negozio impossibile per V. A. l'aggiustarsi amichevolmente alla Chiesa per mezzo dell' ajuto e del favore degli Spagnoli durante almeno il presente Pontificato. — — Sò che l'instituto de Preti è di havere in tutte le negoziazioni per sensali l'interesse — — Desiderano questi Ss.ri d'ingrandire la Casa loro, amano le ricchezze, ambiscono la potenza, ma non hanno nè petto nè cuore da abbracciare le fortune; e per dirlo in una parola sono ben superbi, ma sono vili. Se io havessi a trattare con un Leone decimo, con un Giulio secondo, con un' Alessandro sesto, con un Ludovisi, oserei quasi di dare a V. A. adesso adesso il negozio per fatto, ma le complessioni sono differenti, e compiacciasi di credere, che questo fiume non è capace di gran vaselli...

<small>Roma li 12. Gennaro 1633.</small>

(Staatsarchiv Modena.)

XX.

Avvisi di Roma, 9. Juli 1633.

Bericht vom Raub der Asche der Gräfin Mathilde.

Il Papa è sempre stato fuori di modo affettionato alla memoria di Matilda Contessa d'Italia, et ha composta una Canzone in sua lode per i benefici fatti da lei alla Sede Ap.ca Ha però desiderato ansiosamente di haver in suo potere le ossa di detta Signora le quali si conservavano nel Monastero di S. Benedetto di Mantoa: a fine forse di farle un deposito famoso in questa città, e di ornarlo di vari elogj: essendosi dunque inteso coll' abate del sud.o Monastero sono dieci giorni in circa ch'egli ha trasportato quà il cadavero o ossa della d.a Signora. Il Duca di Mantova havendo presentito il furto, se n'è tenuto offeso stranamente, e per quanto s'intende fa doglianze acerbissime, parendoli che gli sia stato usato un termine assai indicente. I padri principali della Religione di S. Benedetto improvano l'azione, e tenendosi caro quel cadavero, come un gran tesoro per i benefici ricevuti dalla d.a Signora e per lo suo glorioso nome, chiamano traditore il frate, che ha commesso il furto e col tempo lo mortificheranno.

(Staatsarchiv Modena.)

XXI.

Der Kurfürst Maximilian an seinen Residenten in Rom, Gio. Battista Crivelli.

München, 24. Febr. 1621.

Ill.mo Signore. Riceverà con questa oltre un' altra mia anco la lettera diretta alla S.tà di N. S. per conto della canonizatione del Beato Ignatio, intorno alla quale, se bene mi rendo certo, ch'ella non sia per mancare del suo solito, et di sporgere et guidare il negotio (massime con l'ajuto et consiglio del P. Generale della Compagnia del Giesù) in modo tale che ne sortisca buono effetto, tattavia mi è parso di scriverle anco la presente, per darle maggior lume dell' intention mia. La quale è, che V. S. non insti per dar la d.a Canonizatione in modo di intercessione, che io interponga per li PP. della Compagnia, ma di dimanda mia propria et pretensione di cosa dovutamisi in guiderdone e premio delle mie fatiche, fatte per la universale fede cattolica con si grandi stenti, pericoli della persona istessa et delli stati, e sudditi miei, et con spese incomparabili et in maniera tale che senza jattantia posso ingenuamente et del sicuro attribuirmi, che se non mi ci fossi ritrovato in persona io medesimo, a dispor le cose nel modo, che conveniva per tirarle a buon segno et a far animo et cuore anzi a violentar al combatter quelli, che non ne havevano punto di voglia, ma caminavano solo a mira di dar tempo al tempo et protrahere la guerra: non pure non ne sarebbe seguita si insigne vittoria, ma cresciuto più tosto l'orgoglio a gli adversarii, et moltiplicati a tutta l'Europa li pericoli et le difficoltà in che eravamo. A che si aggiungono le conseguenze et il frutto di si felice avvenimento, che evidentemente di già si scuoprono di giorno in giorno nuovi e maggiori poichè doppo la rotta dell' Inimico sotto Praga con l'acquista di quella Città, e rimanente del Regno da un poco di territorio in poi, che però d'hora in hora va cadendo in mano delli miei ministri non tardò la Moravia molto à ridursi alla devotione et debita fedeltà di S. M.tà Cesarea. La Silesia e l'istesso Regno d'Ungheria stanno in termine di rendersi et nell' Imperio ne restano non meno intimoriti anco li Protestanti, et disperata quella Unione loro che per il passato e stata sempre il fondamento, et fomento di ogni male, atteso che le Citta franche, dalle quali havevano il nervo del denaro, si sono di già ritirate, oltre ad altri buoni effetti — E però se la S.tà Sua, et il Sacro Collegio de Ss.ri Cardinali, come non ne dubito punto, havranno aggradito l'opera mia, con il beneficio publico, et la maggior gloria di Dio che ne risulta, et se si risolveranno di farne quella publica dimostratione, che di ragione et per termini di giustizia è dovuto a meriti si segnalati alla libera Io la addimando, et pretendo, et è questa appunto della suddetta Canonizatione del prefato glorioso servo di Dio, da farsi in modo, che al mondo consti sia fatta ad intanzia et requisitione mia. Et la chieggo non per gratia o special favore, ma ex debito et invece di giusta mercede e pagamento delle mie opere. Con tale notitia dunque della mente mia, desidero, che instantissimamente ella si adopri e presso alla S.tà di N. S. et anco di altri informando tutti puntualmente, et distintamente di quello, che io pretendo, in che modo et con che ragione, ponendovi ogni maggior studio, et eficacia per ottenerne l'intento; che se mai lei ha fatto cosa grata, sarà questa ancora maggiormente, et all' incontro resto a lei con la solita dispositione di giovarle, e Dio la prosperi.

Da Monaco li 24 di Febra.o 1621.

Per compiacerla
Mass.o Duca di Baviera.

(Staatsarchiv München,
Crivelli Corrispondenza di Roma.)

XXII.

Der Cardinal Borgia an den Herzog von Modena.

Ser.mo Sennor.

Deviendo yo por tantos titolos dar quienta sempre a V. A. de mis acciones como a quien ha tenido tan por la suya el favoreçerme en todos Vengo con este officio a darsela agora a. V. A. de como su Mg.ᵈ hallandose con necessidad de mi persona, para tratar cossas de su serviçio, se ha servido mandarme vaya â aquella Corte, para donde partire mañana yendo primero al Reyno de Napoles a buscar embarcacion y porque en todas occasiones pueda yo acudir al de V. A. conforme tengo obligacion y desseos, le suplico se acuerde de honorarme con sus mandamientos que seran reconocidos y estimados de mi servitud, con un verdadero affecto de açertar siempre al gusto de V. A. Cuya Ser.ᵐᵃ persona guarde Dios muchos annos con la prosperidad y exaltation de grandeça que yo deseo. En Roma a 28 de Abril 1635. De V. A. Ser.ᵐᵃ

   Affez. e Ser.ᵒʳ
    El Car.ˡ de Borgia y Velasco.

Ser.ᵐᵒ s.ʳ Duque de Modena.
 (Staatsarchiv Modena.)

www.ingramcontent.com/pod-product-compliance
Lightning Source LLC
Chambersburg PA
CBHW030253170426
43202CB00009B/725